Schattenplätze im Garten

W0387563

blvgartenplus

DOROTHÉE WAECHTER

Schattenplätze im Garten

Die besten Pflanzen
Gestalten und Pflegen

blv

Inhalt

Plädoyer für den Schatten 7

Schatten ist nicht gleich Schatten 8
Eintracht trotz Konkurrenz 10

Gestaltungsideen für schattige Plätze 13

Was bei der Planung zu beachten ist 13
Frühlingsreigen 15
Schmückendes Blattwerk 17
Texturen – das Spiel mit Oberflächen 20
Formen in Szene gesetzt 22
Sommerlaune 24
Herbstschönheiten 26
Immer grün – immer schön 28
Blumig durch das Gartenjahr 30
Robust und pflegeleicht 32
Manche lieben es feucht 33

Die besten Pflanzen für den Schatten 37

Stauden für schattige Plätze 37
Eisenhut 37 – Kriechender Günsel 38 – Herbstanemone 38 – Buschwindröschen 38 – Gewöhnliche Akelei 39 – Italienischer Aronstab 39 – Geißbart 39 – Prachtspiere, Astilbe 39 – Gewöhnliche Haselwurz 40 – Große Sterndolde 40 – Bergenie 41 – Kaukasus-Vergissmeinnicht 41 – Breitblättrige Glockenblume 41 – Silberkerze 41 – Waldrebe 42 – Gewöhnliches Maiglöckchen 43 – Lerchensporn 43 – Herzblume 43 – Roter Fingerhut 44 – Elfenblume 44 – Mandelblättrige Wolfsmilch 45 – Scharlach-Fuchsie 45 – Waldmeister 45 – Storchschnabel 46 – Nieswurz 46 – Leberblümchen 47 – Purpurglöckchen 47 – Funkie 48 – Wachsglocke 49 – Goldnessel 49 – Gefleckte Taubnessel 50 – Ligularie, Goldkolben 50 – Felberich 51 – Scheinmohn 51 – Sumpf-Vergissmeinnicht 51 – Gedenkemein 52 – Louisiana-Flammenblume 52 – Jakobsleiter 52 – Salomonssiegel 52 – Primeln 53 – Lungenkraut 54 – Schaublatt 54 – Schattensteinbrech 55 – Beinwell 55 – Wiesenraute 56 –

Schaumblüte 56 – Dreimasterblume 56 – Europäische Trollblume 57 – Immergrün 57 – Veilchen 57 – Waldsteinie 58

Gräser für schattige Plätze 58
Segge 58 – Rasenschmiele, Waldschmiele 59 – Bärenfellgras 59 – Japanwaldgras 59 – Marbel, Hainsimse 60

Farne für schattige Plätze 60
Pfauenradfarn 61 – Waldfrauenfarn 61 – Rippenfarn 61 – Mondsichelfarn, Ilexfarn 61 – Wurmfarn 62 – Eichenfarn 62 – Straußfarn, Trichterfarn 62 – Perlfarn 63 – Königsfarn 63 – Hirschzungenfarn 63 – Gewöhnlicher Tüpfelfarn, Engelsüß 63 – Schildfarn 64

Zwiebelblumen für schattige Plätze 64
Schneestolz 65 – Elfenkrokus 65 – Alpenveilchen 65 – Hundszahn, Forellenlilie 65 – Schachbrettblume 66 – Schneeglöckchen 66 – Spanisches Hasenglöckchen 66 – Frühlings-Knotenblume, Märzenbecher 67 – Sibirischer Blaustern 67 – Dreiblatt, Waldlilie 67

Gehölze für schattige Plätze 68
Kanadischer Hartriegel 68 – Efeu 68 – Hortensie 68 – Großblütiges Johanniskraut 69 – Geißblatt, Heckenkirsche 69 – Ysander 70 – Rhododendron, Azalee 70 – Eibe 71

Pflanzen und Pflegen 73

Die eigene Gartensituation einschätzen 73
Bodenvorbereitung zur Pflanzung 76
Pflanzeneinkauf 78
Die Pflanzung – wie geht man vor 80
Die Mulchdecke macht's 85
Der Nährstoffbedarf einer Pflanzung 85
Bodenbearbeitung 86
Rückschnitt – Von Fall zu Fall 87
Stauden teilen 88
Ein gesunder Garten – ohne Pflanzenschutzmittel 89

Bezugsquellen und Adressen 92

Plädoyer für den Schatten

Schattenplätze stellen Gartenbesitzer immer wieder vor Probleme. Pflanzenauswahl, Gestaltung und Pflege unterscheiden sich von denjenigen für sonnige Situationen deutlich. Zugleich bringen Schattenpartien jedoch viele Vorzüge mit sich.

Natürlich kommen Sonnenanbeter im Schatten nicht auf ihre Kosten, schließlich handelt es sich bei Sonne und Schatten um Gegensätze. Die Sonne steht dabei in einer langen historischen Tradition, die ganz und gar nicht von Gärtnern geprägt wurde, sie ist positiv belegt, ja sie wird zeitweise geradezu vergöttert. Dem Schatten blieb also nur die negative Rolle.
Doch wer Schatten im Garten hat, der kann sich glücklich schätzen und sollte sich von der Schwarz-Weiß-Malerei frei machen.
Schließlich kann sich der Schattengärtner nicht nur aus allen Pflanzengruppen bedienen, sondern auch aus einer breiten Palette farbenprächtiger und vielgestaltiger Blumen auswählen, wie die Fülle der Pflanzenporträts im dritten Kapitel zeigt (siehe Seite 37 ff.). Gartenblumen aus absonnigen Waldregionen sind die Basis für die bezaubernde Bewegung der Woodland-Gärten, die von dem englischen Gartengestalter William Robinson ins Leben gerufen wurde. Schattenplätze bieten unvergleichlich romantische Frühlingsinszenierungen zu Beginn einer jeden Gartensaison. Malerische Blütenfeste im Sommer wechseln sich mit stilvollem Formenspiel des Laubes ab. Der Herbst findet hier eine Bühne für den zarten Altweibersommer und ein furioses Feuerwerk der Farben.

◄ Im Schatten großer Bäume öffnen Rhododendren ihre roten Blüten, und Farne entfalten frischgrüne Wedel.

Die Vorteile schattiger Plätze

Pflanzungen im Schatten sind aufgrund des gemäßigten Mikroklimas meist recht pflegeleicht. Der Boden trocknet dort nicht so schnell aus, sodass die Pflanzen ausgeglichene Bedingungen vorfinden. Das Blätterdach von oben sorgt bei Bedarf für eine erhöhte Luftfeuchtigkeit und schafft so optimale Wachstumsbedingungen.
Schattige Beete sind auch im Sommer pflegeleicht, da das lästige Gießen nur bei anhaltender Trockenheit erforderlich ist. Durch den humosen Boden und die geringere Verdunstung bleibt mehr Feuchtigkeit im Boden und so den Pflanzenwurzeln vorbehalten.
Auch die flächige Verwendung von Bodendeckern verringert den Pflegebedarf.

Auf der Holzbank, die um den Stamm des großen Baumes gebaut ist, findet man zu jeder Tageszeit kühlenden Schatten.

Beobachten Sie bei Spaziergängen die Pflanzengemeinschaften des Waldes. Diese Eindrücke sind ideale Vorbilder und Anregungen für Pflanzungen in schattigen Gartenpartien.

Schatten als Gegensatz zur Sonne bedeutet (zum Glück) nur in Ausnahmefällen, dass wirklich zu keiner Tages- und Jahreszeit Licht an den Boden dringt. Im Gegenteil – schon ein paar Stunden ohne Sonnenlicht lassen einen Standort schattig erscheinen. Das bedeutet auch: Lichtspiele unterstützen die Gestaltungen. Farben und Formen lassen sich dank des gestreuten Lichtes beleben und mit einer Prise Dramatik bereichern.
Nicht nur für die Pflanzenwelt, sondern auch für den Menschen, der im Garten lebt, ist der Schatten angenehm. Er verbreitet in der sommerlichen Hitze angenehme Kühle und verspricht Ruhe zum Entspannen.
Noch einen Vorteil bringt der Schatten: Auslichten lassen sich große, schattenwerfende Gehölze mit ein paar Handgriffen. So kommt mehr Licht in den Garten und fördert das Leben der Gartenblumen. Aber wie müht man sich in einem sonnigen Garten um ein paar schattige Flecken, die sich nur mühsam und mit viel Geduld vergrößern lassen?

Bevor die Laubgehölze im Frühling Blätter treiben, breiten Zwiebelblumen wie die Blausternchen in der Sonne ihre Blüten zu malerischen Teppichen aus.

Schatten ist nicht gleich Schatten

Im Garten unterscheidet man zwischen verschiedenen Formen des Schattens. Zunächst ist das Licht bestimmend. Es werden leichter Schatten, Streuschatten, Halbschatten und tiefer Schatten unterschieden. Daneben hat für die Pflanzenauswahl die Bodenfeuchtigkeit eine Bedeutung. Daher spielen im Garten auch der trockene und der feuchte oder nasse Schatten, zwei extreme Standorte, eine Rolle.

Der leichte Schatten

Im leichten Schatten wird nur ein Teil der Sonnenstrahlen verdeckt. Es gelangt noch sehr viel Licht an die Pflanzen. In der Natur spricht man vom leichten Schatten unter Gehölzen mit sehr weichen Blättern, wie beispielsweise einem Trompetenbaum *(Catalpa)*. Auch unter einer hellen Stoffmarkise oder einem grobmaschigen Schattiernetz trifft man leichten Schatten an.

Der Streuschatten

Wechseln sich Sonnenlicht und Schatten fleckig ab, spricht man von Streuschatten. Er wird dadurch hervorgerufen, dass die Baumkrone nur schwach beziehungsweise löchrig belaubt ist. Auch unter einer Pergola oder einem Laubengang findet man Streuschatten an. Diese Lichtsituation ermöglicht viele ansprechende Gestaltungen, die durch das Wechselspiel aus Licht und Schatten von Natur aus sehr lebendig wirken.

Wenn die Akelei blüht, wird es lebendig. Die Blütenfarben variieren von Blauviolett, Rosarot bis hin zu Weiß, weil Sämlinge neue Töne ins Spiel bringen.

Der Halbschatten

Von Halbschatten spricht man, wenn die Fläche im Laufe des Tages sowohl besonnt als auch schattig ist. Beete im Halbschatten sind vor allem begehrt, wenn man morgens und nachmittags Sonnenlicht hat, aber in den heißen Mittagsstunden die Pflanzen vor der direkten Sonneneinstrahlung geschützt sind.

Der tiefe Schatten

Unter großen alten Bäumen herrscht tiefer Schatten, ebenso in Innenhöfen. Mitunter können hohe angrenzende Bauwerke das Sonnenlicht dauerhaft verdecken. Zwar stehen für diese Plätze nicht mehr allzu viele Pflanzen zur Auswahl, doch es sind immer noch genügend, um eine abwechslungsreiche Bepflanzung zu gestalten.

Der trockene Schatten

Dichte Blattkronen sind in der Natur die Ursache für sehr geringe Bodenfeuchtigkeit. Im Hausgarten sind dagegen meist bauliche Gegebenheiten der Grund für zugleich wenig Licht und wenig Wasser. Dachüberstände, breite Mauerkronen und Pergolen verhindern, dass Regentropfen auf die Erde treffen. Die Ansiedlung von Pflanzen ist an solchen Stellen relativ schwierig. Es sei denn, man verwendet Bewässerungshilfen, die eine Ausdehnung des Wurzelwerkes fördern, sodass sich die Pflanzen schließlich selbst aus tieferen Bodenschichten mit Wasser und Nährstoffen versorgen können.

Der feuchte oder nasse Schatten

In der Nähe von Bachläufen, bei hohem Grundwasserstand oder über wasserundurchlässigen Schichten sammelt sich die Feuchtigkeit im Oberboden. In der Natur trifft man diese Situation häufig an. Zugleich haben sich hier auch eine ganze Reihe von Arten angesiedelt, die den Mangel an Licht und den Überschuss an Wasser ertragen.
Im Garten findet man dies meist durch künstliche Situationen. Durch den technischen Aufbau der Erdschichten muss dafür gesorgt werden, dass die Feuchtigkeit gehalten wird, damit die typischen Pflanzen für solche Plätze, wie beispielsweise Primeln *(Primula)* und verschiedene Farne, einen ihren Bedürfnissen entsprechenden Standort vorfinden.

Ein duftendes Potpourri der weißen Blüten: Zwischen Maiglöckchen und Waldmeister schieben sich die kugeligen Blütenstände des Bärlauchs.

Eintracht trotz Konkurrenz

Betrachtet man natürliche Pflanzengesellschaften im Schatten, zum Beispiel einen Laubwald, so fällt auf, dass dort Bäume und Zwiebelblumen, Sträucher und Farne harmonisch miteinander leben. Dabei wird jede Höhenstufe von einer ganz beachtlichen Anzahl von Pflanzen begrünt.
Die kleinsten nutzen das zeitige Frühjahr vor dem Laubaustrieb zum Blühen und Sammeln von Nährstoffen. Anschließend entfalten Farne ihre Wedel, und Gräser treiben frische Halme. Haben die Bäume ihre Blätter entfaltet, wird es im Unterholz kühl und schattig, und allmählich kommen die höheren Blütenstauden und Bodendecker zum Vorschein. Um dieses harmonische Zusammenspiel zu entwickeln, hat die Natur Jahrtausende Zeit gehabt.

Das blaue Band des Frühlings hinterlässt auch unter großen Bäumen seine Spuren. Der Blaue Lerchensporn blüht zwischen Blausternchen.

Im Garten erfordert die Entwicklung einer einträchtig ineinander verwobenen Pflanzengemeinschaft Fingerspitzengefühl und Wissen über die Pflanzen. Neben dem Ringen um genügend Licht steht jede Pflanze auch im Garten im Wettbewerb mit den Nachbarpflanzen um Wasser und Nährstoffe. Schließlich gibt es auch im Bereich der Wurzeln eine klare Höhenzonierung, ähnlich wie im Bereich der Stängel, Stiele und Stämme. Pflanzt man Gehölze, so sollten sie daher möglichst tiefer reichende Wurzeln haben, damit im flachen Bereich darüber den Stauden und Zwiebelblumen noch ein Wurzelraum bleibt. Unter Gehölzen mit einem flach ausgebreiteten Wurzelgeflecht hingegen kann sich eine krautige Pflanzengemeinschaft nur schwer ansiedeln.

Will man unter bereits vorhandenen Gehölzen mit flach ausgebreitetem Wurzelsystem, beispielsweise Kiefern und Birken, Stauden und Zwiebelblumen ansiedeln, muss man sich gärtnerischer Kunstgriffe bedienen. Eine Wurzelschutzbahn, eine zusätzliche Aufschüttung von Erde und robuste Bodendecker mit Durchsetzungskraft ermöglichen auch dort eine nachträgliche Pflanzendecke.

Ebenso kann man mit Pflanzen wie Efeu *(Hedera)* oder Immergrün *(Vinca)* arbeiten. Sie breiten ihre niederliegenden Triebe flächig aus, wenn sie in die Außenbereiche der Baumscheibe gepflanzt werden. Doch trotz verschiedener Möglichkeiten und Tricks sind im Garten Kombinationen zu bevorzugen, die sich in der Natur bewährt haben, damit sich rasch Erfolg einstellt und man nicht allzu viel Arbeit mit den Beeten im Schatten hat.

auf einen blick

- Schattige Gärten haben ihre besonderen Reize. In dem angenehm kühlen Klima kann man im Sommer gut entspannen.
- Zugleich ist der Schatten relativ pflegeleicht, regelmäßiges Gießen entfällt beispielsweise, da der Boden nicht so schnell austrocknet.
- Die Lichtsituation im Schatten ist sehr unterschiedlich. Sie kann im Verlauf der Jahreszeiten wechseln, weil der Sonnenstand und die Belaubung von Gehölzen variieren. Zum anderen hängt die Art des Schattens davon ab, wie durchlässig die schattierenden Pflanzen oder Bauwerke sind.
- Man unterscheidet zwischen leichtem Schatten, Streu- und Halbschatten sowie tiefem Schatten.
- Auch die Bodensituation spielt eine wichtige Rolle für die Bepflanzung. Man unterscheidet den trockenen Schatten, der vor allem durch großkronige Gehölze entsteht, und den feuchten Schatten an einem Teich oder Bachlauf.

Gestaltungsideen für schattige Plätze

In diesem Kapitel laden zehn individuelle Gestaltungen mit jeweils einem thematischen Schwerpunkt zum Nachpflanzen und zum Planen einer Bepflanzung ein.

Die flattrigen Farnwedel und das markante Laub des Schaublatts ergänzen sich zu einem malerischen Blickfang.

Der Schwerpunkt der Gestaltungsvorschläge betrifft zum einen die Pflanzen mit ihrer bemerkenswerten Blüten- und Blattschönheit. Pflanzbeispiele mit einem Höhepunkt im Frühling beziehungsweise Sommer oder Herbst, eine immergrüne Variante, Zusammenstellungen von ausgewählten Blattschönheiten und Formenspiele bieten einen reichen Ideenschatz.
Zum anderen stehen bei einigen Gestaltungen Standort und Pflegeaspekte im Vordergrund. Feuchtigkeitsliebende Schattenpflanzen, pflegeleichte, robuste und auch Dauerblüher bestimmen jeweils das Motto einer Situation.

Was bei der Planung zu beachten ist

Bevor es ans Pflanzen geht, sollte man sich einen genauen Plan von der Situation machen.

◀ Hinter den großen, herzförmigen Funkienblättern leuchten die dichten Blütenrispen der Prachtspiere himbeerrot.

Selbst wenn Sie Gestaltungen aus diesem Buch übernehmen, ist es ratsam, sich die Größenverhältnisse auf einem Blatt Papier aufzuzeichnen und die Pflanzenauswahl nochmals zu überdenken. Bei der Gestaltung sollten Sie die folgenden Aspekte unbedingt bedenken:

- Suchen Sie in der Natur nach Vorbildern, die stimmig wirken. So wird die Pflanzung Natürlichkeit ausstrahlen.
- Sorgen Sie für eine abwechslungsreiche Pflanzung. Reine Bodendeckerpflanzungen sind auf den ersten Blick zwar sehr pflegeleicht, aber auch anfällig für Pilzkrankheiten und Schädlinge.
- In jeder Jahreszeit sollte es Höhepunkte geben. Achten Sie darauf, dass die Saison bereits im späten Winter mit einzelnen Zwiebelblumen beginnt und einige Immergrüne zum Jahresende Leben in den Schatten bringen.
- Variieren Sie die Höhen. So ergeben sich Strukturen, die sich gegenseitig abstützen. Die Bilder erhalten eine weiche Abstufung, die sich gefällig in die Gartensituation einfügt. Zugleich kann man Durchblicke in die entfernten Gartenpartien schaffen und andere Teile, zum Beispiel eine Kompostmiete, geschickt verdecken, sodass sie nicht auffallen.
- Prinzipiell sollten niedrige Pflanzen nach vorne, höhere nach hinten kommen. So wird nichts verdeckt. Doch man muss auch die unterschiedlichen Blütezeiten bei der Platzierung berücksichtigen. Kleine frühlingsblühende Stauden und Zwiebelblumen dürfen auch im Hintergrund stehen.

Moose wachsen, wo es feucht und schattig ist. Sie geben einer Pflanzung besonderes Flair. Die grünen Polster kann man gezielt auf Figuren und Steinen ansiedeln. Entweder man legt die Schmuckstücke für einige Wochen in nasses Gras im Schatten oder man bepinselt beziehungsweise besprüht die Oberfläche mit Joghurt oder Buttermilch. Durch das Eiweiß wird das Wachstum von Algen und Moosen gefördert.

Wenn die Blätter zum Sommer hin welken, werden sie von den davor in die Höhe sprießenden Sommer- und Herbststauden elegant verdeckt.

- Verteilen Sie nicht nur Blütenpflanzen, sondern auch Blattschmuckpflanzen als dauerhafte Akzente. Großblättrige Stauden sowie Farne und Gräser mit gleichmäßigem Laub sind beliebte Ruhepole in der Gestaltung, die die Wirkung von Blütenschmuck unterstützen.
- Hinsichtlich der Farben haben helle Töne von Blättern und Blüten vor allem in dunklen Bereichen den Vorrang. Sie fangen das Licht ein und hellen die Situation auf. Neben den Blüten spielen hierbei Blätter mit weißer oder gelber Zeichnung eine große Rolle.
- Bauen Sie in einer Pflanzung Bezüge auf, damit ein gewisser Zusammenhalt entsteht. Dazu kann man zwei Hilfsmittel verwenden: Wiederholungen und ähnliche Farben bauen einen Dialog auf. Dabei können auch größere Distanzen überbrückt werden.
- Ebenso kann man aber mit Hilfe von Kontrasten eine Beziehung herstellen. Dabei sind die Formen der Blätter und ihre Farben ein ideales Hilfsmittel. Diesen Aspekt kann man auch verwenden, um nebeneinander stehende Pflanzen miteinander zu verknüpfen.
- Legen Sie die Planung mit ausreichendem Pflanzabstand an, sodass die Pflanzung im Laufe der ersten beiden Jahre zusammenwächst. So beschränkt sich die Pflege auf ein geringes Maß, und das Zusammenspiel ergänzt sich optimal.
- Planen Sie ruhig auch einige Schmuckstücke und Accessoires in die Pflanzung ein. Helle Oberflächen schaffen Blickpunkte. Hier sind beispielsweise Gartenmöbel oder Zinkgefäße ideal. Spiegelnde Glaskugeln oder einzelne Kris-

Im Frühlingsgarten spielen Rhododendren die Hauptrolle. Sie bieten eine wunderschöne Kulisse für verschiedenste, mehrjährige Frühlingsblüher.

talle aus alten Kronleuchtern, die man beim Trödler bekommt, schillern romantisch in dem lichtarmen Bereich und machen neugierig.

- Integrieren Sie Schattenbereiche in die Gesamtgestaltung. Führen Sie Wege direkt durch die schattigen Bereiche. Gerade unter großen Bäumen kann man Rasenflächen und Bodendecker nur schwer ansiedeln, sodass man diese Bereiche gut als Gartenweg nutzen kann.
- Richten Sie sich im Schatten einen Sitzplatz ein, damit man sich in den heißen Sommerstunden in die angenehme Kühle zurückziehen kann. So lernt man diese Ecken schätzen und lieben.

Zwischen Farnen und Storchschnabel kommen der Feuerkorb und die schlichte Laterne dekorativ zur Geltung.

Die violetten bis rosafarbenen Blüten der ausdauernden Frühlingswicke verweben sich mit anderen Schattenpflanzen zu einem dekorativen Teppich.

Frühlingsreigen

Zu keiner Zeit übernimmt der Schatten eine so bedeutende Rolle wie in den ersten Frühlingswochen. Hier regt sich das Leben nicht nur besonders zeitig, sondern auch unverzüglich mit Blütenpracht. Die Duft-Veilchen *(Viola odorata)* beispielsweise richten sich mit ihrem Blühbeginn nicht nach dem Kalender, sondern ausschließlich nach der Temperatur. Sobald es wärmer wird, und sei es im Januar, wachsen zwischen den frischgrünen Blättern bereits die ersten tief blauvioletten Blüten. Auch Winterlinge *(Eranthis)* und Schneeglöckchen *(Galanthus)* haben es eilig.

Das alles ist kein Wunder, denn es geht diesen Vorfrühlingsblühern weniger darum, dass ihnen jemand auf der Gartenbühne die Show stehlen könnte, sondern vielmehr um das Ausnutzen des Lichtes der frühen Sonnenstrahlen, solange die Bäume noch keine Blätter entfaltet haben. Die meisten niedrigen Frühlingsboten bilden im Laufe der Jahre Matten beziehungsweise Teppiche. Vielfach ziehen sie sich aber schon zu Beginn des Sommers zurück.

Daher will das Plätzchen für ein Frühlingsbeet sorgfältig ausgesucht werden: In den späten Winterwochen sollte es leicht zu erreichen sein, damit man die Schönheit auskosten kann, später sollte das Eckchen nicht zu sehr im Blickfeld liegen, denn manche kahle Stelle bleibt zurück, wenn sich die frühen Gesellen im Sommer ihre wohlverdiente Ruhe gönnen.

Zum Pflanzvorschlag

Im Beispiel kommen Klassiker auf die Gartenbühne, die zu einem Teppich ineinander verwoben sind. So hat man die verschiedensten Blumen, die für diese Situation typisch sind, zu einer Einheit verschmolzen und kann sich von Januar bis in den Juni an der Schönheit der Blüten erfreuen.

In der Pflanzung werden die einzelnen Arten miteinander vermischt, sodass ein naturnahes Bild entsteht. Der sanfte Wechsel von unterschiedlichen Höhen verleiht der Pflanzung eine gefällige Struktur. Die Farben sind harmonisch aufeinander abgestimmt. Blau steht symbolisch für die erste Jahreszeit – nicht zuletzt dank Eduard Mörikes Gedicht »Er ist's« mit den berühmten ersten Zeilen »Frühling läßt sein blaues Band / wieder

Der Trichterfarn, der durch seinen malerischen Austrieb besonders gut in das Frühlingsbeet passt, bildet Ausläufer. Damit er sich nicht zu stark ausbreitet, hebt man ein großes Pflanzloch aus und versenkt darin einen großen Farbeimer, bei dem man den Boden abgeschnitten hat. So können die Ausläufer nicht ungezügelt das Beet erobern. Man kann aber Tochterpflanzen am Rand abnehmen und gezielt in Lücken setzen.

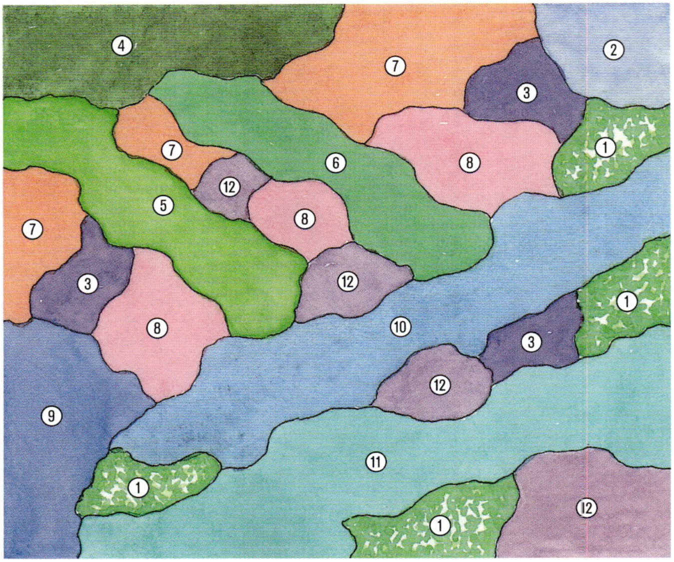

① Schneeglöckchen *(Galanthus nivalis)*
② Spanisches Hasenglöckchen *(Hyacinthoides hispanica)*
③ Akelei *(Aquilegia vulgaris)*
④ Trichterfarn *(Matteuccia struthiopteris)*
⑤ Waldmeister *(Galium odoratum)*
⑥ Lungenkraut *(Pulmonaria angustifolia* 'Azurea')
⑦ Frühlingswicke *(Lathyrus vernus)*
⑧ Hundszahn *(Erythronium dens-canis)*
⑨ Kaukasus-Vergissmeinnicht *(Brunnera macrophylla)*
⑩ Gedenkemein *(Omphalodes verna)*
⑪ Waldanemone *(Anemone sylvestris)*
⑫ Lerchensporn *(Corydalis cava)*

flattern durch die Lüfte...«. In der Gestaltung spielt Blau die Hauptrolle. Wer ein Faible für die Farbe des Wassers und des Himmels hat, der sollte den Frühling nutzen, denn je dunkler es unter den Laubgehölzen wird, desto fahler wirkt das Blau und desto seltener werden blaue Blüten in diesem Gartenbereich.

Aus gärtnerischer Sicht sollte man in den ersten Jahren für die bodendeckenden Arten, wie Gedenkemein, Lungenkraut und Waldmeister, ausreichend Platz lassen, damit sie in ihrem Ausbreitungsdrang kleine Geschöpfe wie Frühlingswicken und Hundszahn nicht verdrängen. Die Stauden und Zwiebelblumen bevorzugen einen humosen Boden, den man durch Mulchen mit Laubkompost erzeugen kann.

Schmückendes Blattwerk

Wer sich intensiv mit den Gartenpflanzen, insbesondere mit Gräsern und Farnen beschäftigt, wird sich mit dem Blattwerk auseinander setzen. Seine Schönheit ruhte über viele Jahre in einem Dornröschenschlaf, doch mittlerweile hat man die Attraktivität von buntem Laub erkannt. Schließlich kann man wundervolle, kontrastreiche Gestaltungen entwickeln und zugleich über eine viel längere Zeit für eine optische Glanzleistung sorgen, als es mit Blütenkompositionen möglich wäre. Begleitende Blütenpflanzen erhalten durch Blattschmuckpflanzen die angenehme Ruhe, die für die schattigen Partien typisch ist. Der Blattschmuck beruht auf ganz unterschiedlichen Aspekten. So spielt in diesem Beispiel die Farbe der Blätter die Hauptrolle. Grün ist zunächst einmal die Grundfarbe eines Blattes, zugleich aber auch die Lebensgrundlage für das pflanzliche Leben, denn der grüne Blattfarbstoff ist essenziell am Stoffwechsel und damit an der Energiegewinnung innerhalb der Pflanze beteiligt. Doch eine gleichmäßige Verteilung des Chlorophylls, so der Fachbegriff für das Blattgrün, ist nicht selbstverständlich. Die Überlagerung mit anderen Farbstoffen oder auch das teilweise Fehlen von grüner Farbe malt Muster auf die Blätter.

Vielgestaltigkeit und Harmonie zeichnen das Zusammenspiel von Funkien, Nieswurz und Anemonen aus.

Alternativ zum Pflanzvorschlag: Pflanzen für eine gelbe Frühlingssymphonie

- Winterling *(Eranthis hyemalis)*
- Gämswurz *(Doronicum orientale)*
- Mandelblättrige Wolfsmilch *(Euphorbia amygdaloides* var. *robbiae)*
- Gelber Hundszahn *(Erythronium tuolumnense* 'Pagoda')
- Frühlingsprimel *(Primula veris)*
- Gelbe Waldlilie *(Trillium luteum)*
- Trauerglocke *(Uvularia grandiflora)*
- Waldsteinie *(Waldsteinia)*

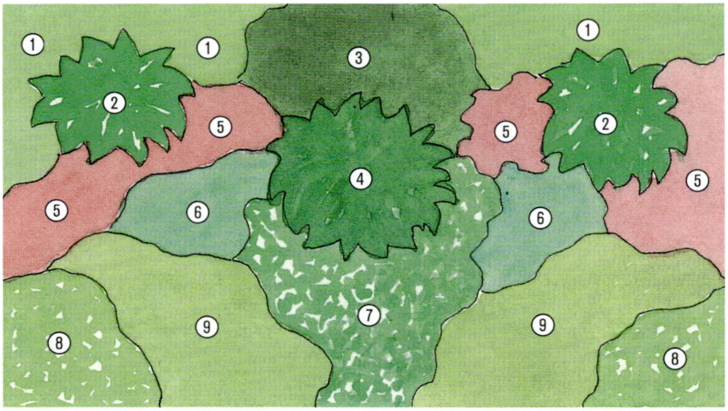

① Salomonssiegel *(Polygonatum odoratum* 'Variegatum')
② Schneefederfunkie *(Hosta*-Hybride 'Undulata')
③ Stinkende Nieswurz *(Helleborus foetidus)*
④ Funkie *(Hosta undulata* 'Albomarginata', Syn.: *H.*-Hybride 'Thomas Hogg')
⑤ Herzblume *(Dicentra formosa* 'Alba')
⑥ Lungenkraut *(Pulmonaria saccharata* 'Sissinghurst')
⑦ Taubnessel *(Lamium maculatum* 'White Nancy')
⑧ Vogelfuß-Segge *(Carex ornithopoda* 'Variegata')
⑨ Prachtspiere *(Astilbe glaberrima* var. *saxatilis)*

Zum Pflanzvorschlag

In diesem Beispiel stehen weiße Blattmuster im Vordergrund. Dieses hat neben dem dekorativen Gesichtspunkt im Schatten den zusätzlichen Aspekt, dass Helligkeit ins Spiel kommt. Weiße Flächen reflektieren Lichtstrahlen und können so die dunkle Stimmung, die durch den Mangel an Sonnenlicht zustande kommt, zumindest in Teilen beleben.

Die Anordnung der Pflanzen folgt einem symmetrischen Aufbau zur vertikalen Beetmitte. Im Hintergrund bildet das Salomonssiegel schon früh im Gartenjahr eine stattliche Kulisse, vor der sich die Stinkende Nieswurz mit ihren grünen Blüten aufbaut. Im Jahreslauf folgt das weiß blühende Lungenkraut mit silbrig gefleckten Blättern. Zugleich bildet diese nahe Verwandte unseres heimischen Lungenkrautes eine dichte Decke.

Die Taubnessel nimmt das Spiel mit weißer Blattzeichnung auf und trägt auf den rundlichen, silbrigen Blättern einen weißen Rand, wie die Vogelfuß-Segge. Die flachen Büschel der länglichen Blätter erscheinen im Streifenlook. Zwischen Taubnessel und Gräserteppich breitet sich die niedrige Prachtspiere aus, die im Sommer schleierartige Blütenrispen in zartem Rosa trägt. Sie übernimmt zunächst die Rolle eines Ruhepols.

Im Hintergrund sorgen die Herzblumen im blaugrauem Laubkleid und mit weißen Blüten für eine kleine Attraktion, wobei die Hauptrolle natürlich bei den verschiedenen Funkien liegt. Die Schneefederfunkie wirbelt an den Seiten ihre schwungvoll gezeichneten und leicht gedrehten Blätter durch das Beet, während die Sorte 'Albomarginata' stattlich in der Mitte thront.

Das Beet trägt bis in den späten Herbst hinein einen interessanten Blattschmuck.

Licht durch weiße Dekorationsstücke

Ein weißer Stuhl, eine helle Holzbank oder silberne Rosenkugeln unterstützen das Motto des Beetes und hellen die Situation auf. Zinkgefäße helfen ebenfalls beim trickreichen Einfangen von Licht.

Gelb schenkt Wärme

Wer Weiß als kalt empfindet, kann auch mit gelben Blattzeichnungen spielen. Taubnessel und Funkien findet man auch mit gelben Laubmustern. Statt Vogelfuß-Segge verwendet man das Gold-Japanwaldgras. Weitere Pflanzen für diese Gestaltung sind goldgelber Spindelstrauch *(Euonymus fortunei* 'Emerald'n' Gold') und gelb panaschiertes Efeu *(Hedera helix*-Sorten). Frauenmantel *(Alchemilla mollis)* und Gelber Scheinmohn *(Meconopsis cambrica)* unterstützen das Motto mit ihren Blüten.

Dekorative Blattschmuckpflanzen

Deutscher/Botanischer Name	Höhe (cm)	Blattbeschreibung	Blütezeit/Blütenfarbe
Weicher Frauenmantel *(Alchemilla mollis)*	30–80	graugrün, lappig, groß (bis 13 x 15 cm), dicht behaart, morgendliche Tropfen auf den Blättern, eignen sich gut als Bindegrün	Juni, durch Rückschnitt zweite Blüte im August / gelbgrün
Gewöhnliche Haselwurz *(Asarum europaeum)*	5–15	glänzend dunkelgrün, lang gestielt, breit nierenförmig (3 x 6 cm), immergrün	April bis Juni / außen bräunlich, innen dunkelrot
Gewöhnlicher Rippenfarn *(Blechnum spicant)*	25–75	Dunkelgrün, matt, lederartig, einfach gefiedert, bis 4 cm breit, bei jungen Pflanzen eine gleichmäßige Rosette bildend; die schmalen fertilen Wedel im Sommer erreichen eine Höhe bis zu 75 cm und sind wintergrün	–
Goldtröpfchen *(Chiastophyllum oppositifolium)*	10–15	hellgrün, fest und rundlich, kerbzähnig, fleischig	Juni bis Juli / gelb
Lerchensporn *(Corydalis cheilanthifolia)*	20–30	bräunlich-grün, fiederschnittig, erinnern an Farnwedel, auffallend schöne rote Herbstfärbung	Mai bis Juni / gelb
Rasenschmiele *(Deschampsia cespitosa)*	50–150	flach, scharf gekielt, oberseits rau, überhängend, bildet dichte, feste grüne Horste, wuchert nicht, eignet sich auch als Schnittgrün	Juni bis August / zuerst grün, später gelblich
Korsische Nieswurz *(Helleborus argutifolius)*	40–60	ledrig, dreiteilig, spitz gesägt, immergrün, stämmchenbildende Art	März bis April / gelblichgrün
Gewöhnliche Nachtviole *(Hesperis matronalis)*	60–80	dunkelgrün, gezähnt, herzförmig dreieckig, die oberen lanzettlich	Mai bis Juli / violett, abends nach Veilchen duftend
Tibet-Scheinmohn *(Meconopsis betonicifolia)*	90–120	lang gestielt, oval bis leicht herzförmig, gekerbt, rau, bräunlich behaart	Juni bis Juli / himmelblau mit goldgelben Staubbeuteln
Falsche Alraunenwurzel *(Tellima grandiflora)*	50–60	rundlich bis herzförmig, lang gestielt, zu Rosettenbüscheln angeordnet	Mai bis Juni / weiß bis grün

Eine ledrige Struktur und tiefe Furchen der Blattnerven zeichnen das Laub der weißgerandeten Funkien aus. Die festen, aber zarten Wedel des stattlichen Königsfarns setzen zusammen mit den großen, schildförmigen Blättern von *Astilboides tabularis* einen auffälligen Kontrast entgegen.

Texturen – das Spiel mit Oberflächen

Jedes Blatt fühlt sich anders an. Weich und flauschig ist der Frauenmantel, stumpf und wachsartig das Laub der Blaublattfunkie, glatt und ebenmäßig die Wedel des Hirschzungenfarns. Die Oberfläche des Laubes gehört zu den wichtigen Eigenschaften. Die Details kann man mit Hilfe des Auges und des Tastsinnes wahrnehmen. Die abschließende Schicht auf den Blättern kann dabei unterschiedlich ausgeprägt sein. Mal ist es eine dicke wachsartige Schicht, die glänzt, mal ist sie stumpf. Häufig dient diese Oberfläche dem Schutz vor Verdunstung. Kleine Härchen lassen die Oberfläche samtig, zum Teil auch silbrig erscheinen und ermöglichen eine erhöhte Transpiration. Im Schatten ist diese Funktion selten notwendig, da es nicht warm ist, daher findet man nur wenige silberlaubige Pflanzen in den Sortimenten.
Ausscheidungen, zum Beispiel Kalkablagerungen, können eine raue Oberfläche hervorrufen. Auch die Dicke eines Blattes, die Ränder und die Furchung beispielsweise durch Blattadern verleihen dem Laub der Pflanzen typische Eigenschaften. Diese Eigenschaften können im Zusammenspiel kontrastreich in Szene gesetzt werden.
Der Gestaltungsvorschlag spielt mit den Oberflächen und bezieht auch die verschiedenen Blattfarben in das lebendige Zusammenspiel aus Stauden, Gräsern und Gehölzen mit ein.

Zum Pflanzvorschlag

Die Pflanzung bekommt durch den Rhododendron-Strauch im Hintergrund Halt. Er schmückt sich mit länglichen, glatten Blättern und einer dunkelgrünen Farbe. Davor sorgen die flauschigen Blattrosetten des Fingerhuts für Abwechslung, während neben dem Aspekt des Blattschmuckes Blüten von Rhododendron und Fingerhut für eine lebendige Note sorgen.
In das Spiel mit den rosaroten Farbtönen mischt sich mit leichtem Kontrast die violette Waldglockenblume ein. Wer etwas Ruhe sucht, verwendet an dieser Stelle die weiß blühende Form mit dem Sortennamen 'Alba'. Hübsch in das Spiel reiht sich im Hintergrund der Regenbogenfarn mit lebendigem Formen- und Farbenspiel ein. Als Ruhepol ist das leicht diagonal angelegte Band aus Frauenmantel anzusehen. Das Rotblättrige Purpurglöckchen mit glänzend rotbraunen Blättern verknüpft diplomatisch die entstandenen Beetbereiche. Links spielt das Kaukasus-Vergissmeinnicht mit rauhen, herzförmigen Blättern zusammen mit dem glanzvollen, grünen Laub des Günsels, während rechts das Gold-Japanwaldgras ein kontrastreiches Duo mit den krausen Polstern des Moos-Steinbrechs bildet.

Rückschnitt im Sommer
Das Beet sollte im Hochsommer einmal gründlich mit der Schere gepflegt werden. Die Blütenstiele des Fingerhutes werden abgeschnitten, so versamt er nicht zu stark, und das Absterben der in der Regel zweijährigen Blattrosette kann hinausgezögert werden. Auch den Frauenmantel sollte man nach der ersten Blüte bodennah abschneiden. Der frische Blattaustrieb setzt unverzüglich ein und gibt den Pflanzen ein sauberes Erscheinungsbild für die zweite Sommerhälfte. Hin und wieder blüht er nochmals.

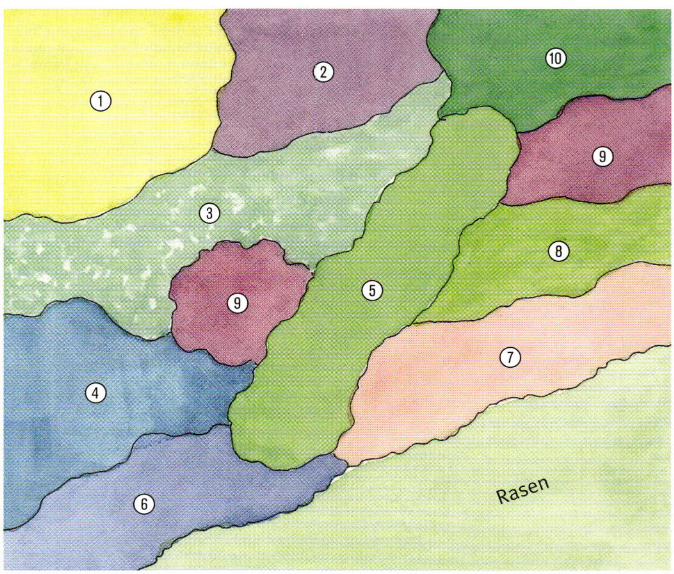

① Rhododendron *(Rhododendron-Yakushimanum-Hybride)*
② Fingerhut *(Digitalis purpurea)*
③ Breitblättrige Glockenblume *(Campanula latifolia)*
④ Kaukasus-Vergissmeinnicht *(Brunnera macrophylla)*
⑤ Frauenmantel *(Alchemilla mollis)*
⑥ Günsel *(Ajuga reptans* 'Riesmöwe')
⑦ Moos-Steinbrech *(Saxifraga* x *arendsii* 'Blütenteppich')
⑧ Gold-Japanwaldgras *(Hakonechloa macra* 'Aureola')
⑨ Rotblättriges Purpurglöckchen *(Heuchera micrantha* 'Palace Purple')
⑩ Regenbogenfarn *(Athyrium niponicum* 'Pictum')

Formen in Szene gesetzt

Formen spielen im Garten auf verschiedenste Weise eine Rolle: bei Blättern, Blüten, Blütenständen sowie im Erscheinungsbild der gesamten Pflanze. Ebenso spielt der Formschnitt eine bedeutende Rolle. Lebendig wird das Zusammenspiel allerdings erst, wenn man ähnliche Formen als Kontraste in Verbindung bringt. So entsteht eine Dramaturgie, die sich belebend auf die ganze Gestaltung auswirkt und sich wie ein roter Faden hindurchzieht.

Zu Kugeln geschnittener Buchsbaum unterstreicht die halbkugelige Form der Blütenstände des Rhododendrons.

Zum Pflanzvorschlag

»Runde Formen« heißt das Motto des Beetes. Hortensien nehmen es mit ihren ballförmigen Blütenständen auf. Dabei spielt der lang anhaltende Zier-

① Bauernhortensie *(Hydrangea macrophylla)*
② Goldschuppenfarn *(Dryopteris affinis,* Syn.: *D. borreri)*
③ Funkie *(Hosta* 'Halcyon')
④ Buchsbaum als Kugel *(Buxus sempervirens)*
⑤ Zwerg-Astilbe *(Astilbe chinensis* var. *pumila)*
⑥ Funkie *(Hosta*-Hybride 'Francee')

wert eine große Rolle, denn selbst wenn die Farben ausbleichen und trüb werden, versprühen sie Schönheit. Kleine Buchskugeln wiederholen das Formenspiel und leiten zu den rundlichen Blättern der Funkien über.
Als Kontrast zu den flächigen Formen mischen sich die feingeteilten Blätter der Zwerg-Astilbe und die gefiederten Wedel des Wurmfarns dazwischen. Außerdem sorgen die aufrechten Blütenstände von Funkien und Astilben in den Sommermonaten für Abwechslung. Diese Gestaltung erweist sich als pflegeleicht, da die Astilbe rasch einen dichten Teppich bildet, der Unkraut keine Chance lässt. Lediglich die Buchskugeln müssen einmal im Jahr geschnitten werden, damit sie in Form bleiben. Sie sorgen für einen dekorativen Winteraspekt, der von den wintergrünen Farnwedeln unterstützt wird.
Das Beispiel zeigt, dass auch mit wenigen unterschiedlichen Arten ein eindrucksvolles Schattenbeet entstehen kann. Bodendecker und ornamentale Pflanzen ergänzen sich sehr gut. Die entstehende Harmonie und Ausgewogenheit schenkt dem Gesamtbild eine ruhige Ausstrahlung.

Schnecken-unempfindlich

Der größte Feind der Blattschmuckpflanzen sind Schnecken. Sie zerlöchern die ornamentalen Schönheiten. Dabei sind besonders Funkien stark betroffen. Als **unempfindlich gegen Schneckenfraß** haben sich die folgenden Schattenpflanzen erwiesen:

- Eisenhut *(Aconitum)*
- Christophskraut *(Actaea)*
- Prachtspiere *(Astilbe)*
- Kaukasus-Vergissmeinnicht *(Brunnera macrophylla)*
- Fingerhut *(Digitalis)*
- Elfenblume *(Epimedium)*
- Waldmeister *(Galium odoratum)*
- Christrose *(Helleborus)*
- Jakobsleiter *(Polemonium)*.

Schöne Bodendecker und ornamentale Pflanzen

Gruppe	Pflanzen
Bodendecker:	Günsel *(Ajuga)*, Trugerdbeere *(Duchesnea indica)*, Ysander *(Pachysandra terminalis)*, Lungenkraut *(Pulmonaria)*, Schaumblüte *(Tiarella)*, Waldsteinie *(Waldsteinia)*
Ornamentale Pflanzen:	Engelwurz *(Angelica gigas)*, Wachsglocke *(Kirengeshoma palmata)*, Trichterfarn *(Matteuccia struthiopteris)*, Schau- oder Tafelblatt *(Astilboides tabularis*, Syn.: *Rodgersia tabularis)*

Bei den **Funkien** sind die folgenden Arten und Sorten recht unempfindlich: 'Big Daddy', 'Blue Angel', *H. fortunei* 'Aureomarginata', 'Frances Williams', *H.*-Tardiana-Hybriden, *H. tardiflora*.

Je nach Sorte können sich Funkien zu dominanten Blattschmuckstauden entwickeln, die den Weg durch den Schatten dezent schmücken.

Die Scharlach-Fuchsie trägt zierlich herabhängende Blüten. Sie erscheinen den ganzen Sommer und beenden ihre Pracht erst mit den ersten Herbstfrösten.

Sommerlaune

Je mehr Schatten der Garten hat, desto stärker ist die Sehnsucht nach sommerlicher Blütenpracht. Das Angebot ist breit gefächert, und so muss man auf das bunte Treiben auch nicht verzichten. Im Gegenteil – schließlich kommen die höheren Blütenstauden und Ziersträucher zu Anfang des Sommers ins Spiel. Sie ergänzen sich und lösen einander in der Blütezeit ab, sodass man immer wieder etwas Neues entdecken kann.

Zum Pflanzvorschlag

Ein pultförmiger Höhenaufbau sorgt dafür, dass alle Pflanzen gut zur Geltung kommen. Damit allerdings die Stauden des Frühsommers keine Lücken hinterlassen, steht der spätblühende Eisenhut in der Beetmitte und verdeckt mit seinen hohen Rispen die entstandenen Lücken. Wer kleine Kinder hat, sollte den Eisenhut wegen seiner giftigen Inhaltsstoffe durch Silberkerzen *(Cimicifuga)* oder Herbstanemonen *(Anemone hupehensis)* ersetzen.

Die Stauden sind flächig verteilt. So können sie sich an den Rändern ineinander verweben, und es kann sich der Charakter einer einzelnen Pflanze behaupten. Die Pflanzung bleibt pflegeleicht. Im Laufe der Jahre wird sich das Zusammenspiel stärker durchmischen, wenn man das selbständige Aussamen der Wiesenrauten und des Fingerhutes zulässt.
Fuchsia magellanica ist bei uns nur mit Schutz winterhart. Das bedeutet zum einen, dass die oberirdischen Triebe bis zum Boden zurückfrieren und die Pflanze wie eine Staude aus dem Wurzelstock im späten Frühjahr wieder austreibt. Zum anderen sollte man darauf achten, dass eine Mischung aus Herbstlaub und Kompost die Wurzelstöcke vor Frost schützt, wenn kein Schnee gefallen ist. Mit Tannenreisig kann man diese Schutzschicht, die spatenhoch aufgeschichtet werden sollte, vor dem Verblasen durch Windböen schützen.
Für eine kleine Frühlingsouvertüre kann man Winterlinge *(Eranthis)*, Schneeglöckchen *(Galanthus)* und Blausternchen *(Scilla)* zwischen die Stauden pflanzen, ohne dass sie die Sommerschönheiten bedrängen.

In wenigen Jahren breiten sich Blausternchen durch Versamung aus und schmücken immer größere Flächen.

Die Vagabunden im Schatten

Eine ganze Reihe von Stauden säen sich im Garten selbst aus. Dadurch sichern sie nicht nur den Fortbestand und die Ausbreitung, sondern verleihen den Pflanzungen auch ein romantisches Flair. Die Eigendynamik überrascht und verändert stimmungsvoll die Gartenbilder. Folgende Gartenblumen verbreiten sich durch **Selbstaussaat:**

- Frauenmantel *(Alchemilla mollis)*
- Akelei *(Aquilegia vulgaris)*
- Aronstab *(Arum italicum)*
- Fingerhut *(Digitalis purpurea)*
- Wiesenstorchschnabel *(Geranium phaeum)*
- Nachtviole *(Hesperis matronalis)*
- Judas-Silberling *(Lunaria annua)*
- Blausternchen *(Scilla siberica)*
- Duftveilchen *(Viola odorata)*.

Beobachten Sie die Louisiana-Flammenblume zu verschiedenen Tageszeiten. Die Blaufärbung verändert sich immer wieder und zeigt zum Teil geradezu magische Nuancen. Außerdem duftet diese Blütenstaude wundervoll.

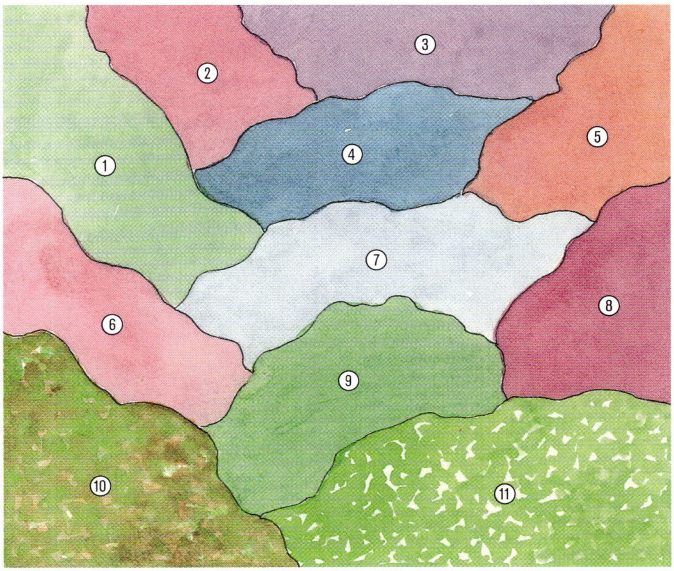

① Sterndolde *(Astrantia major)*
② Fingerhut *(Digitalis purpurea)*
③ Akeleiblättrige Wiesenraute *(Thalictrum aquilegifolium)*
④ Eisenhut *(Aconitum carmichaelii* 'Arendsii')
⑤ Scharlach-Fuchsie *(Fuchsia magellanica var. gracilis)*
⑥ Rosa Storchschnabel *(Geranium endressii)*
⑦ Zweifingelige Wiesenraute *(Thalictrum delavayi*, Syn.: *T. dipterocarpum)*
⑧ Großblumiger Ziest *(Stachys grandiflora)*
⑨ Louisiana-Flammenblume *(Phlox divaricata)*
⑩ Schaumblüte *(Tiarella wherryi)*
⑪ Taubnessel *(Lamium maculatum)*

Orangerot leuchten die kolbenförmigen Fruchtstände des giftigen Aronstabs aus dem Blattwerk im Schatten.

Herbstschönheiten

Wenn die Laubbäume ihre Blätter verfärben, wird es im Schatten wieder munter. Späte Blüten, Blattfärbungen und Fruchtschmuck ergänzen sich zu malerischen Gestaltungen. Eine Kulisse aus immergrünen Gehölzen eignet sich hervorragend, um den Herbstschönheiten einen großartigen Auftritt zu bescheren, da sich helle Blüten gut abheben können und man keine jahreszeitliche Veränderung, wie beispielsweise bei einem herbstfärbenden Laubgehölz, berücksichtigen muss. Zudem werden niedrige Pflanzen nicht von herabfallenden Blättern verdeckt.

Zum Pflanzvorschlag

Schleichend vollzieht sich der Übergang vom Sommer in den Herbst bei diesem Beet. Schließlich beginnen die Herbstanemonen meist schon Ende August, ihre malerischen Blütenschalen im Wind zu wiegen. Die Oktober-Silberkerze steht auch schon in den Startlöchern, und während der Balkan-Storchschnabel seine letzten Blütenknospen öffnet, zeigt die Weiße Waldaster ihre ersten Blütensterne. Wenn die Nächte kälter werden, beginnt die Laubfärbung. Funkie und Bergenien, Geißbart und Waldsteinie verwandeln sich und bringen leuchtende Rottöne und elegantes Bronze ins Spiel. Dazwischen zeigt sich die Schattenblume mit Fruchtschmuck und die Waldschmiele im Herbstgewand. Das große Finale ist perfekt, wenn die

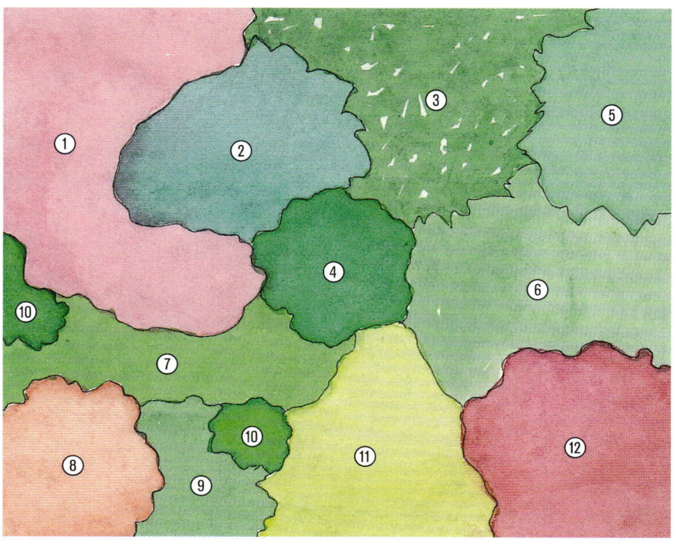

① Herbstanemone *(Anemone hupehensis)*
② Blaublattfunkie *(Hosta sieboldiana* 'Elegans')
③ Waldschmiele *(Deschampsia cespitosa)*
④ Schattenblume *(Smilacina racemosa)*
⑤ Oktober-Silberkerze *(Cimicifuga simplex* 'Hänse Herms')
⑥ Weiße Waldaster *(Aster divaricatus)*
⑦ Balkan-Storchschnabel *(Geranium macrorrhizum* 'Spessart')
⑧ Bergenie *(Bergenia*-Hybride 'Eroica')
⑨ Zwerg-Geißbart *(Aruncus aethusifolius)*
⑩ Herbstzeitlose *(Colchicum autumnale)*
⑪ Waldsteinie *(Waldsteinia geoides)*
⑫ Bergenie *(Bergenia*-Hybride 'Abendglut')

Herbstschönheiten

Deutscher Name Botanischer Name	Höhe (cm)	Blütezeit/ Blütenfarbe	Herbstschmuck	Bemerkung
Christophskraut *(Actaea pachypoda)*	50	5–6 unscheinbar	weiße Früchte	*A. erythropoda* trägt rote Früchte
Italienischer Aronstab *(Arum italicum)*	40	5 Gelber Kolben mit weißem Hüllblatt	orangerote Früchte	Beeren giftig
Efeublättriges Alpenveilchen *(Cyclamen hederifolium)*	15	8–9 rosarot	lang anhaltender Blütenschmuck	verwildert gern
Schwalbenwurz-Enzian *(Gentiana asclepiadea)*	20–60	7–10 dunkelblau	späte Blüte, frischgelbe Laubfärbung	braucht lehmigen Boden, für Liebhaber
Stinkende Schwertlilie *(Iris foetidissima)*	45–80	7 mattlila	orangerote Samen in Kapseln	'Variegata' hat gestreiftes Laub
Lilientraube *(Liriope muscari)*	30	8–10 violett	späte, teilweise duftende Blüten	an geschützten Orten Blüte bis zum ersten Frost
Judas-Silberling *(Lunaria annua)*	50–80	5–6 lila, weiß	Samen von silbrig schillernder Haut überzogen	zweijährig, versamt sich selbständig
Lampionblume *(Physalis alkekengi* var. *franchetii)*	80–100	7–9 unscheinbar weiß	große, orangerote, blasenartige Früchte	braucht viel Platz
Herbststeinbrech *(Saxifraga cortusifolia* var. *fortunei)*	30	9–10 weiß	zauberhafte Blüten	benötigt unbedingt Winterschutz

Herbstzeitlosen ihre Blütenkelche aus der Erde schieben und mit zartem Lilarosa einen hübschen Kontrast setzen. Zusätzlich bietet dieses Beet schon im Frühling und Sommer einige Höhepunkte, wie beispielsweise die Blüte von Bergenien, Waldsteinien und Zwerg-Geißbart, den Blattschmuck der Blaublattfunkie und die Blüte der Waldschmiele.

Die Herbstzeitlose zählt zu den Herbstschönheiten unter den Zwiebelblumen.

Herbstzeitlosen werden im August gepflanzt. Man kann sie ideal als späte Lückenfüller verwenden. Besonders intensiv wird die Farbwirkung mit gefüllten Formen. Allerdings empfindet mancher die dichten quastenartig gefüllten Blütenkelche als unnatürlich.

Immer grün – immer schön

Natürlich herrscht im Winter Ruhe im Garten, doch dem Blick in den Garten kann man sich nicht entziehen. Gerade dann ist es reizvoll, einige hübsche Eckchen zu entdecken. Ganz besondere Hoffnungsträger sind natürlich die Immergrünen. Im Staudenreich wie auch unter den Gehölzen findet man eine ganze Reihe von Pflanzen, die ihr Laub zum Winter nicht abwerfen. Buchsbaum *(Buxus sempervirens)* und Rhododendron *(Rhododendron)* zählen ebenso zu dieser Gruppe, wie Bergenien *(Bergenia-*Hybriden) und das Immergrün *(Vinca),* für das schon der Volksmund die treffendere Bezeichnung fand.

Raureif zieht die Ränder der immergrünen Blätter des Ysander mit seinem Zuckerrand nach und macht so im Winter auf die Formen aufmerksam.

Doch man sollte sich auf den Winteraspekt bei der Gestaltung mit Immergrünen nicht versteifen, denn es sind eine ganze Reihe von Vorzügen, die diese Pflanzen mit sich bringen. Beispielsweise sind sie pflegeleicht, weil im Herbst kein herabfallendes Laub anfällt. Außerdem sind die Blätter meist ledrig und fest, da sie als Verdunstungsschutz eine dicke Schutzhaut oder Wachsschicht tragen. Das bringt sehr kraftvolle Strukturen ins Spiel, von denen sich zartes Blattwerk kontrastierend abhebt. Und nicht zuletzt die Rhododendren zeigen, dass immergrüne Pflanzen einen bezaubernden Blütenschmuck tragen können.

Zum Pflanzvorschlag

Der Gestaltungsvorschlag eignet sich hervorragend als Bepflanzung eines schattigen Vorgartens oder eines Beetes, das rund um das Jahr gepflegt aussehen sollte, beispielsweise weil der Blick direkt aus dem Wohnzimmer darauf fällt. Die meisten der verwendeten Pflanzen sind Bodendecker und bleiben recht flach. Nur der Rippenfarn und die Mandelblättrige Wolfsmilch erheben sich aus den flachen Teppichen. Diese tragen ganz verschiedene Strukturen und bringen so Leben in die Pflanzung. Sie erinnert an eine Decke, die aus verschiedensten Wollfäden gestrickt ist. Wenn sich der Winter zurückgezogen hat, beginnt das Beet, seine blumigen Seiten zu zeigen. Meist sieht man die ersten Veränderungen am besten an der Wolfsmilch. Die Enden der Triebe biegen sich erst wie ein Spazierstockgriff und stellen sich dann langsam wie ein Federbausch auf. Zwischen den regelmäßigen Blättern am Stiel leuchten nun die grüngelben Blüten. Das Immergrün trägt blaue Blütensterne, an der Waldsteinie schwellen die kleinen gelben Knospen, die sich schon bald zwischen den Blättern nach oben schieben. Die Elfenblume läßt ihre bezaubernden Blüten tanzen, und auch der Ysander geizt nicht mit Blüten. So fällt kaum auf, dass der Rippenfarn sein Blattwerk langsam welken läßt. Schließlich treiben schon bald frischgrüne Wedel aus dem Herz der Pflanze aus.
Die Mandelblättrige Wolfsmilch sollte nach der Blüte kräftig zurückgeschnitten werden. Im Sommer reduziert man dann die frischen Triebe auf etwa fünf bis sechs Stück. So entwickeln sich

① Kleines Immergrün *(Vinca minor)*
② Ysander *(Pachysandra terminalis)*
③ Haselwurz *(Asarum europaeum)*
④ Mandelblättrige Wolfsmilch *(Euphorbia amygdaloides* var. *robbiae)*
⑤ Waldsteinie *(Waldsteinia ternata)*
⑥ Elfenblume *(Epimedium pinnatum* 'Elegans')
⑦ Rippenfarn *(Blechnum spicant)*

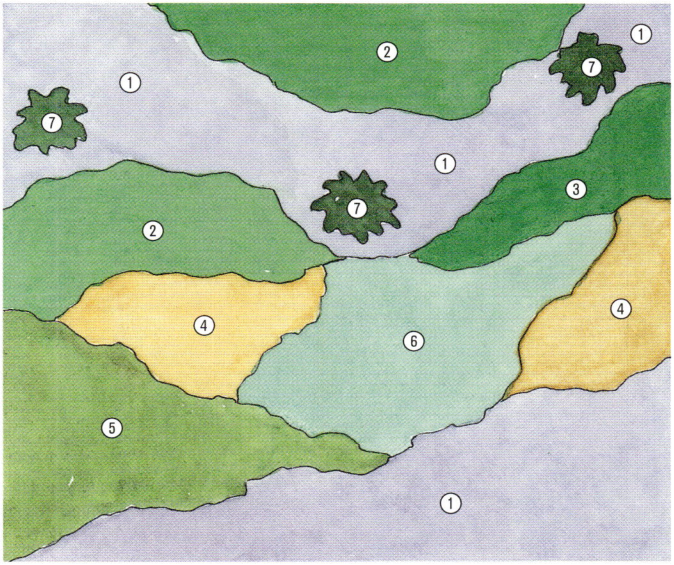

diese kräftig und behindern sich später nicht so stark, dass die kleinen Büsche auseinanderfallen.

Efeu darf nicht fehlen

Wenn Immergrüne gesucht sind, darf natürlich der Efeu nicht fehlen. In der formenreichen Gattung findet man interessante Blattformen und -zeichnungen. Die Triebe kann man flach am Boden wachsen lassen. Sie klettern aber auch an Mauern in die Höhe und binden auf diese Art und Weise Wände in eine Gestaltung ein. Eine weitere Alternative ergibt sich, wenn man Triebe mit Hilfe von Drahtfiguren so formiert, dass sie Kugeln, Kegel oder Figuren, etwa Hasen oder Bären, darstellen.

Immergrüne Formschnittgehölze wie Buchsbaum und Eibe sorgen das ganze Jahr für eine dekorative, aber zurückhaltende Wirkung.

Buchsbaumkugeln im Topf sind ideale Lückenfüller, die sich ganz dezent in Leerstellen im Beet oder als kleine Veränderungen einfügen lassen, wenn die Gleichmäßigkeit allzu eintönig wirkt.

Blumig durch das Gartenjahr

Wer wünscht sich nicht ein Beet, das durch das ganze Jahr immer wieder Blüten trägt. Doch das ist gar nicht so leicht, schließlich sollen die Pflanzen nicht aufgereiht nebeneinander stehen, sondern ein dynamisches Geflecht darstellen, bei dem sich die Blütezeiten überschneiden. Natürlich wird es im Winter im Schatten knapp mit einer größeren Auswahl an Pflanzen. Doch wenn man vom Frühjahr bis in den Herbst blumige Gartenbilder sucht, findet man farbige Lösungen.

Die Teppichglockenblume erweist sich im Halbschatten als pflegeleichter Dauerblüher mit lilablauen Blüten.

Wichtig ist, dass sich die Blütezeiten überlappen und viele verschiedene Pflanzen verwendet werden.

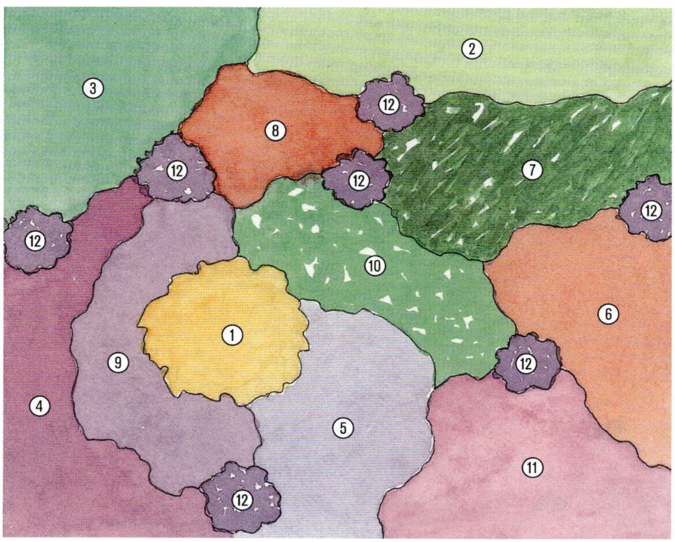

Zum Pflanzvorschlag

Das Gartenjahr hat einen prachtvollen Auftakt mit der Blüte der Japanischen Azalee. Das leuchtende Rosaviolett hat eine geradezu magische Anziehungskraft. Sehr dekorativ sieht es aus, wenn man rundherum ein paar Schneeglöckchen in die Lücken setzt, damit die Schönheit nicht allzu einsam ist. Die Büsche dieser Azaleen werden nicht sehr hoch, ihre Blüten sitzen dicht an dicht, sodass man kaum ein Blatt entdeckt. Schon bald danach wird die Waldschmiele in die Höhe sprießen, der Geißbart entfaltet sein frischgrünes Laub und schiebt dazwischen die fedrigen Blütenstände in die Höhe.

① Japanische Azalee *(Rhododendron japonicum)*
② Waldrebe *(Clematis* x *jouiniana)*
③ Geißbart *(Aruncus dioicus)*
④ Herbstanemone *(Anemone*-Japonica-Hybride)
⑤ Teppich-Glockenblume *(Campanula portenschlagiana)*
⑥ Schlangenkopf *(Chelone obliqua)*
⑦ Waldschmiele *(Deschampsia cespitosa)*
⑧ Prachtspiere *(Astilbe*-Thunbergii-Hybride 'Straußenfeder')
⑨ Nachtviole *(Hesperis matronalis)*
⑩ Jakobsleiter *(Polemonium reptans)*
⑪ Pracht-Storchschnabel *(Geranium* x *magnificum)*
⑫ Akelei *(Aquilegia vulgaris)*

Eine Symphonie in Gelb: Die hohen Blütenstände des Goldfelberichs stehen neben den ungestümen Blütenwolken des Frauenmantels.

Lassen Sie die Blütenstände der Akelei so lange stehen, bis die Samenkapseln aufgeplatzt sind. So versamen sie von alleine und breiten sich zwischen den anderen Pflanzen aus. Meist entsteht ein fein abgestimmtes Farbenspiel, da die Sämlinge in der Blütenfarbe variieren.

Lassen Sie die Triebe der Teppich-Glockenblume in die Azalee wachsen. Dadurch schmückt sich der Strauch in den Sommermonaten geschickt mit fremden Blüten. Im Herbst sollte man die Triebe dann frühzeitig zurückschneiden, damit sich der Strauch erholen kann.

Überall im Beet erscheinen nun auch die Akeleien mit ihren lockeren Blütenständen. Sie vermitteln den Eindruck, als ob das ganze Beet in Blüte steht. Währenddessen bereiten sich der Prachtstorchschnabel und die Nachtviole auf ihren Auftritt vor. Auch Glockenblumen und Jakobsleiter lassen nicht mehr lange auf sich warten. Diese beiden Stauden kommen mit dem lichten Schatten und einer Situation im Streuschatten gut klar, sollten aber keinesfalls zu dunkel stehen.

Während die Glockenblumen und der violettblaue Prachtstorchschnabel noch viele Wochen farbige Blüten zeigen, ist es gut, dass vor den Nachtviolen allmählich die Herbstanemonen in die Höhe sprießen. So verdecken sie geschickt die entstehenden Lücken. Auch die Schönheit der Waldschmiele lässt zum Hochsommer nach, doch jetzt beginnt die Waldrebe mit ihrem Flor. Die zarten weißen Blütchen duften herrlich, und da diese Form nur wenig klettert, legt sie ihre Triebe lieber elegant über die benachbarten Stauden. Bis zum Oktober wird sie immer wieder für einen Blickfang sorgen.

An die Stelle des Geißbartes tritt im Hochsommer die Astilbe. Die lachsrosa Blüten hängen elegant über und geben dem Herbst keine Chance, das Blütenjahr zu beschließen. In das rosarote Farbspiel setzen nun der Schlangenkopf und die Herbstanemonen ein. So entsteht eine wundervolle Dreiecksbeziehung, die den Altweibersommer mit Blüten verwöhnt und in Jahren mit einem sonnigen Herbst noch bis Anfang November anhalten kann.

Dauerblüher für den Schatten

Einige Gartenblumen für den Schatten zeichnen sich durch eine sehr lange Blütezeit aus. Zu ihnen zählen:

- Breitblättrige Glockenblume *(Campanula latifolia)*
- Fingerhut *(Digitalis)*
- Fuchsie *(Fuchsia gracilis)*
- Funkie *(Hosta)*
- Taubnessel *(Lamium)*
- Gelber Scheinmohn *(Meconopsis cambrica)*
- Ziertabak *(Nicotiana sylvestris)*
- Jakobsleiter *(Polemonium caeruleum)*

Robust und pflegeleicht

Der Schatten gehört zu den Teilen, die mancher Gartenbesitzer nur mit Widerwillen akzeptiert, nach dem Motto: »Es ist halt nicht die Sonne«. Dennoch ist es wichtig, dass nicht nur Sträucher und Gehölze hier wachsen, sondern eine Pflanzendecke den Boden schützt. Schließlich würden Unkräuter sonst die Chance nutzen und sich breit machen. Und wenn man schon Zeit in die Pflege investiert, dann sollte sich die Mühe auch lohnen und die Pflanzung dekorativ aussehen. Zugleich ist es verständlich, wenn man möglichst wenig tun will, um dieses Beet zu pflegen – schließlich gibt es noch andere Gartenbereiche. Eine flächige, großzügige Gestaltung ist dazu ebenso hilfreich wie die Verwendung von sehr robusten Pflanzen.

Immergrün und Ysander können im zeitigen Frühjahr mit dem Rasentrimmer zurückgeschnitten werden. Das macht wenig Arbeit und ist auch nur dann notwendig, wenn die Pflanzen von unten her kahl werden.

Einzelne Sonnenstrahlen verzaubern die romantische Pflanzung: Während sich die Wedel des Trichterfarns öffnen, trägt der Beinwell cremeweiße Blütenglöckchen.

Zum Pflanzvorschlag

In dem Bepflanzungsvorschlag werden vier verschiedene Bodendecker ineinander verwoben. Der Beinwell und das Immergrün schmücken die Fläche im Frühling mit blauen beziehungsweise violetten Blüten. Zum Sommer schmückt sich der Balkan-Storchschnabel mit himbeerrosa Blüten. Ebenso blüht der Ysander im Frühsommer weiß. Zum Herbst schließlich leuchtet das Blattwerk des Storchschnabels nochmals kräftig.

Der Balkan-Storchschnabel hat intensiv duftende Blätter, die Katzen und Hunde vertreiben. Im Vorgarten bietet es sich an, mit ihm einen breiten Streifen an der vorderen Kante zu bepflanzen.

Um die Höhenstruktur etwas zu beleben, ist im Hintergrund noch eine Falsche Alraunenwurzel gepflanzt. In den Zwischenräumen sorgen im zeitigen Frühjahr Schneeglöckchen für Leben, und später schmücken Hasenglöckchen die Punkte, an denen sich die Flächen der unterschiedlichen Bodendecker überschnei-

den. Ein großer Kübel mit Polster-Glockenblumen kann in den Sommermonaten einen Blickfang darstellen, zumal wenn man ihn durch einen farbigen Anstrich zum Blickfang der Gestaltung macht.
Statt des Topfes mit Glockenblumen kann man auch eine Figur im Schattenbeet platzieren. Eine helle Oberfläche sorgt für einen hübschen Kontrast.

Wie Schleier stehen die Blütenstände der Falschen Alraunenwurzel über dem Laub. Die Staude erweist sich als robust.

① Falsche Alraunenwurzel *(Tellima grandiflora)*
② Spanisches Hasenglöckchen *(Hyacinthoides hispanica)*
③ Ysander *(Pachysandra terminalis)*
④ Beinwell *(Symphytum grandiflorum)*
⑤ Balkan-Storchschnabel *(Geranium macrorrhizum* 'Ingwersen')
⑥ Kleines Immergrün *(Vinca minor)*
⑦ Schneeglöckchen *(Galanthus nivalis)*
⑧ Polster-Glockenblume *(Campanula poscharskyana)* im großen Topf

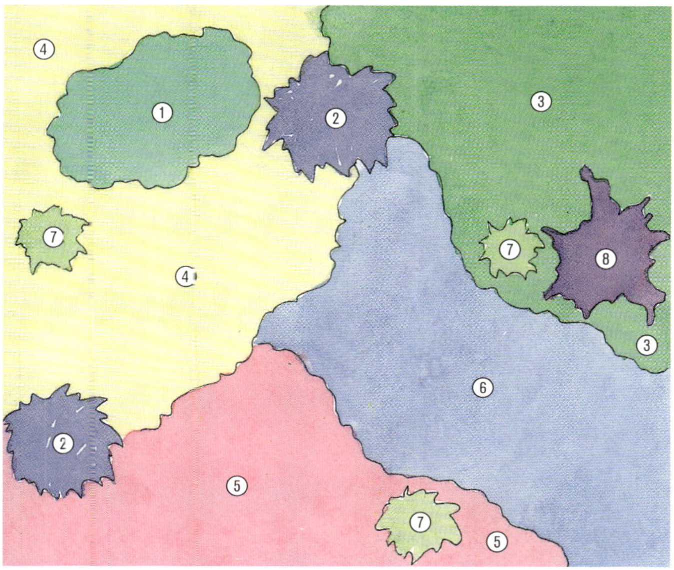

Manche lieben es feucht

Ein Bachlauf oder ein Teichrand im Schatten gehören zu den speziellen Situationen, die es nicht in jedem Garten gibt. Dennoch sollte man diesen Bereich nicht außer Acht lassen. Zum einen können an diesen Standorten wundervolle Pflanzen wachsen, zum anderen sind stehende und fließende Gartengewässer bei allen Gartenfreunden sehr beliebt. Schließlich hat das Plätschern etwas Beruhigendes und bereichert den Garten durch ein artenreiches Tierleben. Wichtig ist, dass man zwischen dem nassen und dem trockenen Ufer unterscheidet.

Wer Probleme mit Schnecken im Garten hat, sollte mit der Uferbepflanzung vorsichtig sein. Der feuchte Boden bietet optimale Lebensbedingungen für die gefräßigen Weichtiere. Hier ist eine Bepflanzung mit Gräsern und Prachtspieren *(Astilbe*-Sorten) zu empfehlen. Auch der Frauenmantel hat recht raue Blätter, die den Schnecken nicht besonders schmecken.

Für den feuchten Schatten

Deutscher Name Botanischer Name	Höhe (cm)	Blütezeit	Blütenfarbe	Blatt	Bemerkung
Frauenmantel *(Alchemilla mollis)*	40	6–8	grüngelb	stumpfgrün	Blattschmuck
Prachtspiere (*Astilbe* in Arten/Sorten)	25–120	6–10	rosa, rot, weiß	dunkelgrün	Blüten sind Blickfang, gegen Schnecken robust
Klee-Schaumblatt *(Cardamine trifolia)*	15	4–5	weiß	glänzend dunkelgrün	bildet dichten Blattteppich
Schildblatt *(Darmera peltata,* Syn.: *Peltiphyllum peltatum)*	80	4–5	rosaweiß	schildförmig, lang gestielt	tolle Herbstfärbung
Spierstaude *(Filipendula ulmaria)*	70	7–8	rahmweiß	frischgrün, fein zerteilt	'Plena' hat gefüllte Blüten
Weiderich *(Lythrum virgatum)*	80	7–9	lachsrosa	mittelgrün	lockt Schmetterlinge an
Gelber Scheinmohn *(Meconopsis cambrica)*	30	6–9	gelb	hellgrün	Selbstaussaat
Perlfarn *(Onoclea sensibilis)*	45			hellgrün, doppelt gefiedert	fahlroter Austrieb
Königsfarn *(Osmunda regalis)*	100			hellgrün, doppelt gefiedert	bevorzugt saure Böden
Orchideenprimel *(Primula vialii)*	30	6–7	rotviolett	frischgrün	Winterschutz erforderlich
Dreimasterblume (*Tradescantia*-Hybriden)	50	6–8	blau, weiß, karminrot	grasartig	robust, hübscher Blattschmuck

Dies hängt ganz entscheidend von der jeweiligen Bauweise des Gartenteiches ab.

Zum Pflanzvorschlag

Unser Gestaltungsvorschlag ist für ein feuchtes Ufer gedacht. Die ausgewählten Pflanzen bevorzugen den frischen bis feuchten, keinesfalls trockenen Boden. Vom Rand des Gewässers her baut sich die Bepflanzung pultförmig nach hinten auf. Das heißt, man sollte einen Sitzplatz am gegenüberliegenden Ufer oder aber einen schmalen Pfad einplanen, damit man

Die Trollblume schmückt Uferbereiche mit goldgelben Blütenbällen.

die Schönheit der Blütenpflanzen tatsächlich auskosten kann. Auch bei dieser Gestaltung wurde darauf geachtet, dass man möglichst lange etwas von der Bepflanzung hat. So mischen sich beispielsweise direkt am Ufer verschiedene Primeln, die vom Frühling bis in den Sommer blühen. Die Frühlingsblüher nehmen den Dialog mit der Gämswurz und der Trollblume auf. Die Sommerblüher dagegen spielen mit Nelkenwurz und Pfennigkraut. Während im

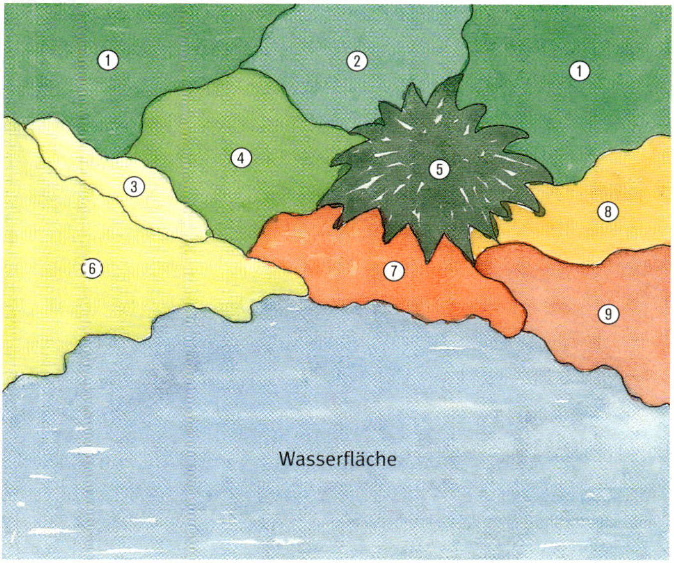

① Japanischer Goldkolben *(Ligularia dentata* 'Othello')
② Geißbart *(Aruncus dioicus* 'Zweiwel-tenkind')
③ Wachsglocke *(Kirengeshoma palmata)*
④ Gämswurz *(Doronicum orientale)*
⑤ Riesensegge *(Carex pendula)*
⑥ Pfennigkraut *(Lysimachia nummularia)*
⑦ Frühlings- und Sommerprimel *(Primula veris, P. florindae)*
⑧ Trollblume *(Trollius europaeus)*
⑨ Nelkenwurz *(Geum coccineum)*

Frühsommer im Hintergrund der Geißbart und die Riesensegge für frisches Grün und einen Blütenschmuck mit natürlichem Charakter ausbreiten, übernehmen im Hochsommer die beiden Exemplare des Japanischen Goldkolbens diese Aufgabe. Eine besondere Augenweide stellt die Wachsglocke mit ihrem stattlichen Wuchs zum Herbst hin dar.

Das Schildblatt trägt kräftiges Laub an langen Stielen. Sie erscheinen erst nach der Blüte im Frühling. Am feuchten Teichrand bildet die Wildstaude dichte Horste.

auf einen blick

- Für die Gestaltung von schattigen Gartenbereichen stehen zahlreiche Zwiebelblumen, Stauden und Gehölze zur Verfügung.
- Ein Thema gibt der Bepflanzung optischen Zusammenhalt. Blütenfarben, Blattschmuck und Wuchsformen bieten sich als Motto an.
- Für den Schatten findet man das ganze Jahr dekorative Pflanzen. So kann man den Schwerpunkt für die Blütezeit auf eine Jahreszeit legen und dennoch in den anderen Monaten attraktive Blickfänge in die Beete bringen.
- Schattige Gartenpartien können ihre Vorbilder in der Natur haben. Frühlingsimpressionen oder Uferbepflanzungen bieten sich für malerische Gestaltungsideen an.

Die besten Pflanzen für den Schatten

Im Schatten gedeihen Zwiebelblumen, Stauden und Gehölze, sie bieten unzählige Möglichkeiten für stimmungsvolle Gestaltungen. Bewährte Arten und Sorten werden hier mit ihren Eigenschaften, Ansprüchen und Verwendungsmöglichkeiten vorgestellt.

In diesem Kapitel werden die wichtigsten Schattenpflanzen mit ihren Arten und Sorten übersichtlich beschrieben. Dabei haben wir die Pflanzen nach ihrem Wuchseigenschaften unterteilt. Stauden, Zwiebelblumen, Gräser, Farne und Gehölze für den Schatten werden in Kurzbeschreibungen dargestellt.

Eine einheitliche Namensgebung im Pflanzenreich

Der Volksmund kennt für die Pflanzen eine Vielzahl von Namen, weil sie regional variieren. Die botanischen Namen, die meist aus dem Lateinischen stammen, verhindern, dass Missverständnisse entstehen. Sie bestehen aus dem Gattungs- und dem Artnamen. Letzterer beschreibt meist bestimmte Eigenschaften.
Die Porträts in diesem Kapitel sind jeweils alphabetisch nach dem botanischen Namen aufgelistet. In Anführungszeichen werden Sortennamen gesetzt. Sie bezeichnen Formen, die spezielle Eigenschaften aufweisen, wie zum Beispiel eine besondere Blattzeichnung oder außergewöhnlich große Blüten.
Die Angaben zu Höhe und Blütezeit geben Durchschnittswerte an. Beide sind von den klimatischen und örtlichen Gegebenheiten abhängig und können variieren.

◀ Das Buschwindröschen verkündet mit seinem dichten Blütenteppich unter Laubgehölzen den Frühling.

Stauden für schattige Plätze

Die Stauden, also die ausdauernden, krautigen (= nicht verholzenden) Pflanzen, bestimmen das Bild von Pflanzungen im Schatten. Für den Gestalter stehen die Blüten- und Blattschmuckstauden im Mittelpunkt. Bodendecker ermöglichen eine pflegeleichte Bepflanzung, die durch die Ergänzung mit höheren Stauden sowie durch Gräser, Farne und Zwiebelpflanzen aufgelockert werden kann.

Erklärungen zu den Porträts

Symbolleiste:
Die Symbole geben in Kurzform Auskunft über die Blütezeit, die Wuchshöhe der Pflanze und den Lichtanspruch.

Blütezeit
✿ 4–7 Die Zahlen stehen für die Monate der Blütezeit

Wuchshöhe
⬆ 20–30 cm Durchschnittliche Wuchshöhe der Pflanze einschließlich der Sorten

Eisenhut
***Aconitum* in Arten und Sorten**

✿ 7–10 ⬆ 80–200 cm
Blüten: Blau, selten gelb, rosa oder weiß, helmförmig, in lockeren bis dichten Trauben.
Blätter: Glänzend grün, geschlitzt, 3- bis 5-teilig.
Wuchsform: Aufrecht, horstartig.
Standort: Kühle, frische, nährstoffreiche Böden.
Gute Partner: Storchschnabel, Prachtspiere, Herbstanemone.

Eisenhut

Bemerkungen: *A. carmichaelii* 'Arendsii' wird bis zu 120 cm hoch und blüht von September bis Oktober mit azurblauen Blüten. Ab Juli erscheinen die bis 100 cm hohen und intensiv blauen Blütenstände von *A. napellus* (Blauer Eisenhut). Die blauweißen Blüten von *A.* x *cammarum* 'Bicolor' sitzen an 150 cm hohen Stielen. Die blassgelben Blüten von *A. lycoctonum* sind eine beliebte Variante zu den üblichen blauen Eisenhüten.

Kriechender Günsel
Ajuga reptans

✿ 5–6 ⬆ 10–15 cm

Blüten: Blau, weiß oder rosa, lippenförmig, in dichten Scheinähren.
Blätter: Rundlich, gestielt, in Rosetten.
Wuchsform: Bodendecker, breitet sich flächig durch Ausläufer aus.
Standort: Feuchte, nährstoffreiche Böden.
Gute Partner: Eisenhut, Waldsteinie, Rasenschmiele, Wurmfarn, Schneebeere.
Bemerkungen: *A. reptans* 'Atropurpurea' hat braunrote Blätter und blaue Blüten, die Sorte 'Riesmöwe' blüht weiß mit hellgrünen Blättern. Bild siehe Seite 82.

Herbstanemone
Anemone hupehensis, *Anemone*-Japonica-Hybriden

✿ 8–9 ⬆ 50–100 cm

Blüten: Rosa, weiß, 5–6 cm große Schalenblüten in lockeren Rispen, auch gefüllt.
Blätter: Stumpfgrün, 3-teilig, am Rand unregelmäßig gesägt.
Wuchsform: Buschig, breitet sich durch Wurzelausläufer langsam aus.
Standort: Lockere, humose Böden.
Gute Partner: Eisenhut, Silberkerze, Straußfarn, Rhododendron.

Buschwindröschen
Anemone nemorosa

✿ 3–4 ⬆ 15–20 cm

Blüten: Weiße, gestielte Schalen, bei trübem Wetter und nachts geschlossen.
Blätter: Dunkelgrün, dreiteilig, tief eingeschnitten, an kurzem Stiel.
Wuchsform: Breitet sich durch Rhizome teppichartig aus.
Standort: Humose, frische bis feuchte Böden.
Gute Partner: Lungenkraut, Immergrün, Lerchensporn, Duft-Veilchen.

Herbstanemone

Gewöhnliche Akelei

Gewöhnliche Akelei
Aquilegia vulgaris

✿ 5–6 ⬆ 40–80 cm

Blüten: Blau, violett, weiß oder rosa, gespornt.
Blätter: Blaugrün, 3-teilig zusammengesetzt.
Wuchsform: Aufrecht, verzweigte Stiele.
Standort: Humose, frische Böden.
Gute Partner: Tränendes Herz, Storchschnabel, Waldsteinie, Marbel, Japanwaldgras.
Bemerkungen: *A. vulgaris* samt sich leicht selbst aus und verbreitet sich dadurch.

Italienischer Aronstab
Arum italicum

✿ 4–5 ⬆ 20–30 cm

Blüten: Gelblicher Blütenkolben, Hüllblatt weiß mit roten Flecken.
Blätter: Glänzend dunkelgrün mit silbrigen Adern, pfeilförmig.
Frucht: Kolben mit orangeroten Beeren im Spätsommer.
Wuchsform: Lockere Horste.
Standort: Frische bis feuchte Böden, verträgt Sommertrockenheit, da er nach der Blüte einzieht.
Gute Partner: Prachtspiere, Gewöhnliche Akelei, Immergrüne Breitblattsegge, Farne, Heckenkirsche.
Bemerkungen: Aronstab-Arten werden teilweise als Knollenpflanzen geführt. Bild siehe Seite 26.

Geißbart
Aruncus dioicus

✿ 6–7 ⬆ 150–200 cm

Blüten: Weiß bis cremefarben, hohe, reich verzweigte Rispen.
Blätter: Frischgrün, groß, gefiedert, gesägte Blättchen.
Wuchsform: In Horsten.
Standort: Frische bis feuchte Lehmböden, nährstoff- und humusreich.
Gute Partner: Wald-Glockenblume, Eisenhut, Storchschnabel, Waldschmiele.
Bemerkung: Dekorative Solitärstaude, 'Zweiweltenkind' – Sorte mit cremeweißen Blüten, 150 cm hoch.

Gewöhnliche Haselwurz
Asarum europaeum

✿ 3–4 ⬆ 5–15 cm

Blüten: Unscheinbar braun, glockenförmig, kurzgestielt am Boden.
Blätter: Nierenförmig, glänzend grün, duftend, immergrün.
Wuchsform: Kriechend, breitet sich langsam aus.
Standort: Humusreiche Böden.
Gute Partner: Gedenkemein, Leberblümchen, Primeln, Immergrün, Alpenveilchen.

Geißbart

Prachtspieren in Weiß und Rot

Bemerkungen: Das Rhizom kriecht oberirdisch, daher die Pflanzen nicht zu tief setzen und nicht zwischen ihnen hacken.

Prachtspiere, Astilbe
***Astilbe* in Arten und Sorten**

✿ 6–9 ⬆ 15–150 cm

Blüten: Weiß, rosa, violett und viele Rottöne, fedrige Rispen.

Blätter: Dunkelgrün, gefiedert.

Wuchsform: Horstig, bei der Zwerg-Astilbe bodendeckend durch Ausläufer.

Standort: Frische, humose Böden.

Gute Partner: Bergenie, Funkie, Herbstanemone, Silberkerze, Hirschzungenfarn.

Bemerkungen: Die zahlreichen Sorten der Prachtspieren werden in Gruppen unterteilt:

- *A.*-Arendsii-Hybriden (Garten-Astilben): Blüte Juli bis September, kompakte Rispen, niedrige und halbhohe Sorten, Höhe 50–70 cm.
- *A. chinensis* var. *pumila* (Zwerg-Astilbe): Blüte August bis Oktober, lilarosa Blütenrispen, Höhe 20 cm, idealer Bodendecker.
- *A.*-Japonica-Hybriden: Blüte Ende Juni bis Juli, pyramidenförmige Rispen, Höhe 50–60 cm.
- *A.*-Simplicifolia-Hybriden: Blüte Ende Juli bis August, pyramidenförmig überhängende Rispen, Höhe 40–60 cm.
- *A.*-Thunbergii-Hybriden: Blüte Juli bis August, locker verzweigte, überhängende Blütenrispen, Höhe 80–120 cm.

Große Sterndolde
Astrantia major

✿ 6–7 ⬆ 30–90 cm

Blüten: Weiß bis rosa, gestielte, knopfartige Dolden mit sternförmigen Hüllblättern in verschiedenen Rottönen.

Blätter: Handförmig gelappt oder eingeschnitten, 5-teilig.

Wuchsform: Horstartig.

Standort: Frische, nährstoffreiche Böden.

Gute Partner: Waldglockenblume, Kaukasus-Vergissmeinnicht, Hirschzungenfarn, Wurmfarn.

Große Sterndolde

Kaukasus-Vergissmeinnicht

Bergenie
***Bergenia*-Hybriden**

✿ 3–5, bei einigen Sorten Nachblüte in der zweiten Jahreshälfte.
⬆ 25–60 cm
Blüten: Weiß, rosa und rot, glockenförmig in Trugdolden auf kräftigen Stängeln.
Blätter: Groß, ledrig, meist wintergrün, vielfach auffällige Herbstfärbung.
Wuchsform: Große, wüchsige Horste.
Standort: Normale Gartenböden.
Gute Partner: Prachtspiere, Waldsteinie, Storchschnabel, Eisenhut, Japanwaldgras, Königsfarn.
Bemerkungen: Zahlreiche Sorten. Bild siehe Seite 4 oben.

Kaukasus-Vergissmeinnicht
Brunnera macrophylla

✿ 4–5 ⬆ 40–60 cm
Blüten: Himmelblau, einem Vergissmeinnicht ähnlich, in lockeren Dolden.
Blätter: Frischgrün, herzförmig gestielt, rau.
Wuchsform: Horstartig.
Standort: Frische, humose Böden.
Gute Partner: Elfenblume, Primeln, Narzissen, Rasenschmiele, Waldfrauenfarn.
Bemerkungen: ‘Langtrees’ ist eine Sorte mit auffällig silbrig gefleckten Blättern.

Breitblättrige Glockenblume
Campanula latifolia

✿ 6–7 ⬆ 80–100 cm
Blüten: Blauviolett, spitzzipfelig, in lockeren, bis zur Spitze beblätterten Trauben.
Blätter: Grundblätter groß, herzförmig, Stängelblätter klein, länglich.
Wuchsform: Horstartig, aufrecht.
Standort: Humusreiche, frische Böden.
Gute Partner: Geißbart, Silberkerze, Marbel, Waldschmiele, Ysander.
Bemerkungen: *C. latifolia* var. *macrantha* hat noch dunklere und größere Blüten. Die Sorte ‘Alba’ blüht mit gleicher Blütenfülle in Weiß.

Silberkerze
***Cimicifuga* in Arten**

✿ 7–10 ⬆ 60–220 cm
Blüten: Schlanke Trauben mit kleinen weißen Einzelblüten.
Blätter: Dunkelgrün, gefiedert.

Breitblättrige Glockenblume

Wuchsform: Horstig.
Standort: Humose, frische Böden.
Gute Partner: Breitblättrige Glockenblume, Eisenhut, Herbstanemone, Prachtspiere, Rhododendron.
Bemerkungen: *C. racemosa* var. *cordifolia* (Lanzen-Silberkerze) hat schmale, aufrechte, gelblichweiße Blütenstände bis über 200 cm Höhe und blüht ab Mitte August. *C. simplex,* die Oktober-Silberkerze, blüht von September bis Oktober in dichten, leicht überhängenden weißen Trauben bis 140 cm Höhe. Duftende, cremeweiße, bis 40 cm lange Blütentrauben zeigt *C. ramosa* im September. Höhe: bis 200 cm.

Oktober-Silberkerze

Waldrebe
Clematis in Arten

Clematis x *jouiniana*

✿ 5–9 ⬆ 40–300 cm
Blüten: Blau bis violett, weiß und rot, Glockenform bei Einzelblüten, sonst in Trugdolden.
Frucht: Fedrige Samenstände.
Blätter: Dunkelgrün, 3-teilig.
Wuchsform: Horstig, kriechend bis rankend.
Standort: Humose, nährstoffreiche Böden.
Gute Partner: Eisenhut, Purpurglöckchen, Storchschnabel, Wachsglocke, Japanwaldgras, Rhododendron, Eibe.
Bemerkungen: Im Gegensatz zu den bekannten verholzenden Klettersträuchern gibt es von *Clematis* auch Stauden, die also unverholzt bleiben. *C. heracleifolia* blüht mit hyazinthenähnlichen, hellblauen Blüten, die büschelweise in den oberen Achseln der Blätter wachsen. Wuchs aufrecht, Höhe bis 100 cm. *C. integrifolia* wächst als horstige Staude bis 60 cm hoch. Die Blüten stehen einzeln, sind glockenförmig und indigoblau. Blütezeit: Juni bis September. *C.* x *jouiniana* wächst teilweise kletternd bis 200 cm und bildet eine gute Mulchdecke für Frühlingsblüher. Im August erscheinen aufrechte, hellblaue Blütenrispen, die die ganze Pflanze bedecken.

Gewöhnliches Maiglöckchen
Convallaria majalis

✿ 5 ⬆ 15–25 cm
Blüten: Weiße Glöckchen in aufrechten Trauben, duftend.
Blätter: Frischgrün, breit elliptisch.
Wuchsform: Breitet sich durch unterirdische Kriechsprosse flächig aus.
Standort: Frische, humose Böden unter Gehölzen.
Gute Partner: Akelei, Funkie, Gedenkemein, Immergrün, Seggen, Perlfarn, Wurmfarn.
Bemerkung: Bild siehe Seite 10.

Tränendes Herz

Lerchensporn
***Corydalis* in Arten**

✿ 3–5 ⬆ 10–50 cm
Blüten: Gelb, rosarot, weiß, blau, mit langem Sporn, in gestielten Trauben.
Blätter: Frischgrün, gefiedert, sehr zart.
Wuchsform: Buschig verzweigt.
Standort: Frische, humose Gartenböden.
Gute Partner: Funkie, Jakobsleiter, Seggen, Königsfarn, Schildfarn.
Bemerkungen: Vermehrung nur durch Aussaat; die Samen werden von Ameisen verbreitet. Hohler Lerchensporn *(C. cava)*: Höhe 35 cm, dichte, lilarote oder weiße Trauben. *C. cheilanthifolia*: farnwedelartige, bräunlichgrüne Blätter und gelbe Blüten von Mai bis Juni. Blauer Lerchensporn *(C. flexuosa)*: Höhe 20–30 cm, Blüte April bis Juni, verschiedene Sorten.

Lerchensporn

Herzblume
***Dicentra* in Arten und Sorten**

✿ 4–9 ⬆ 20–80 cm
Blüten: Weiß, rosa, herzförmig, in Trauben an übergeneigten Stängeln.
Blätter: Blaugrün, gefiedert, zart.
Wuchsform: Buschig ausladende Horste.
Standort: Nährstoffreiche, frische, humose Böden.
Gute Partner: Akelei, Breitblättrige Glockenblume, Primeln, Storchschnabel, Farne.
Bemerkungen: Die Zwerg-Herzblume *(D. eximia)* blüht von Mai bis September mit rosaroten herzförmigen Einzelblüten, die

in Trauben zwischen den farnartigen Blättern hängen. *D. formosa* wird bis zu 30 cm hoch, die rosa Blüten überragen die feingliedrigen Blätter. Die rosaweißen Blüten des Tränenden Herzens *(D. spectabilis)* – einer klassischen Pflanze des Bauerngartens – pendeln aufgereiht an bis zu 80 cm hohen Stängeln. Die Sorte 'Alba' blüht reinweiß.

Elfenblume als Bodendecker

Roter Fingerhut
Digitalis purpurea

✿ 6–7 ⬆ 100–140 cm

Blüten: Weiß, hell- bis dunkelrosa, glockenförmig, in kerzenförmigen Trauben.
Blätter: Groß, rau, eiförmig spitz.
Wuchsform: Rosettenförmig, aufrecht, meist zweijährig.
Standort: Frische, humose, leicht saure Böden.
Gute Partner: Geißbart, Kaukasus-Vergissmeinnicht, Wald-Glockenblume, Waldschmiele, Rhododendron.
Bemerkungen: *D.* x *mertonensis* trägt große, lachsrosa Blüten, Höhe 80–100 cm. Der Rost-Fingerhut *(D. ferruginea)* wird nur etwa 60 cm hoch und trägt hellgelbe Blüten mit rotbrauner Zeichnung. Beide Arten blühen ebenfalls im Juni/Juli. Bild siehe Seite 86.

Elfenblume
Epimedium in Arten und Sorten

✿ 4–5 ⬆ 15–35 cm

Blüten: Klein, weiß, gelb, lila oder rosa, zu mehreren in Rispen an einem Stängel.
Blätter: Dunkelgrün, im Austrieb zum Teil bronzefarben, drei- bis fünfteilig, zum Teil wintergrün.
Wuchsform: Polster- bis teppichförmiger Bodendecker, breitet sich durch Ausläufer aus.
Standort: Frische bis feuchte, humose Böden.
Gute Partner: Funkie, Schaumblüte, Waldsteinie, niedrige Seggen.
Bemerkungen: Die Großblumige Elfenblume *(E. grandiflorum)* blüht kräftig rosa, ihre Polster werden bis 25 cm hoch. Die Immergrüne Elfenblume *(E. pinnatum)* blüht gelb und erreicht 30 cm Höhe. Als Bodendecker ist die wintergrüne Sorte 'Elegans' besonders wertvoll. Die Hellgelbe Elfenblume *(E.* x *versicolor)* wächst kräftig und wird bis 35 cm hoch. Recht langsam wächst die 20 cm hohe Polster-Elfenblume *(E.* x *youngianum)*, sie blüht lilarosa. Auffällig ist die Sorte 'Niveum' mit weißen Blüten.

Blütenstände der Elfenblume

Mandelblättrige Wolfsmilch
***Euphorbia amygdaloides* var. *robbiae* (Syn.: *E. robbiae*)**

✿ 4–8 ⬆ 50–60 cm
Blüten: Gelbgrün, in Trugdolden.
Blätter: Kräftig grün, stumpf, länglich, im Winter rötlich überhaucht.
Wuchsform: Horstartig.
Standort: Durchlässige, frische Böden.
Gute Partner: Funkie, Kaukasus-Vergissmeinnicht, Nieswurz, Farne.
Bemerkung: Die Feuer-Wolfsmilch *(E. griffithii)* bringt mit ihren rotlaubigen Sorten und kräftig orangeroten Scheinblüten Farbe in halbschattige Beete. Die Sorten 'Dixter' und 'Fireglow' mit einem reinen Farbenspiel in kräftigem Rot werden 80 bzw. 100 cm hoch.

Scharlach-Fuchsie
***Fuchsia magellanica* in Sorten**

✿ 6–10 ⬆ 100–180 cm
Blüten: Rot, weiß, violett, hängend an langen Stielen.
Blätter: Dunkelgrün, spitz elliptisch klein, kurz gestielt.
Wuchsform: Halbstrauch (= höhere Staude, am Grund verholzend) mit überhängenden Zweigen.

Feuer-Wolfsmilch

Standort: Humose, nährstoffreiche Böden, Winterschutz erforderlich.
Gute Partner: Eisenhut, Funkie, Herbstanemone, Silberkerze, Wiesenraute.
Bemerkungen: Im Frühjahr ist in unserem Klima meist ein Rückschnitt bis zur Basis nötig. Folgende Sorten haben sich bewährt: 'Gracilis': zierlich, rotblaue Blüten; Höhe bis 80 cm; 'Mme Cornelissen': rot-weiße Blüten, Höhe bis 120 cm; 'Riccartonii': rot-violette Blüten, Höhe bis 140 cm. Bild siehe Seite 24.

Waldmeister
Galium odoratum

✿ 4–5 ⬆ 10–20 cm
Blüten: Weiß, locker verzweigte Dolden, duftend.
Blätter: Lanzettlich, in Quirlen zusammenstehend.
Wuchsform: Breitet sich flächig aus.
Standort: Humose Gartenböden.
Gute Partner: Buschwindröschen, Haselwurz, Leberblümchen, Primeln, Storchschnabel.

Waldmeister

Wald-Storchschnabel

Storchschnabel
Geranium in Arten und Sorten

✿ 5–8 ⬆ 25–60 cm

Blüten: Rosa, violett und blau, schalen- bis tellerförmig.
Blätter: Blätter im Umriss kreisförmig, fächrig gelappt oder geteilt, gestielt.
Wuchsform: Buschig oder polsterförmig, breiten sich meist flächig aus.
Standort: Normale Gartenböden.
Gute Partner: Funkie, Herzblume, Prachtspiere, Waldmeister, Waldrebe, Königsfarn.
Bemerkungen: Der Blattschmuck ist für die Gestaltung im Staudenbeet ebenso wichtig wie die Blüte. Folgende Arten sind für den halbschattigen Gehölzrand von Bedeutung:

- Rosa Storchschnabel *(G. endressii)* – wüchsig, frischrosa Blüten von Mai bis August, verträgt Wurzeldruck. Gute Sorten: 'Wargrave Pink' (kleinblütige, lachsrosa Sorte); 'Rose Clair' (intensiv rosa Blüten mit weiße Adern)
- *G. himalayense* – dichter Laubteppich mit guter Herbstfärbung, Blüten blauviolett von Juni bis Juli
- Knotiger Storchschnabel *(G. nodosum)* – für tiefen Schatten, lange Blütezeit (Mai bis August), lilarosa Blüten
- Balkan-Storchschnabel *(G. macrorrhizum)* – kriechender Bodendecker, aromatisch duftende Blätter, weißrosa oder rosarote Blüten von Mai bis Juli, auffällige Herbstfärbung, sollte nicht zu großflächig verwendet werden.
- Wald-Storchschnabel *(G. sylvaticum)* – rotviolette Blüten von Juni bis Juli. Interessante Sorten: 'Album' (weiß), 'Mayflower' (hellblau).

Balkan-Storchschnabel

Nieswurz
Helleborus in Arten und Sorten

✿ 12–5 ⬆ 20–60 cm

Blüten: Weiß, rot oder grün, schalen- oder glockenförmig mit auffälligen Staubgefäßen.
Blätter: Dunkelgrün, ledrig, fingerförmig geteilt, lang gestielt, zum Teil stark gezähnt, wintergrün.

Wuchsform: Horstartig.
Standort: Kalkhaltige, humusreiche, gut durchlässige, lockere und eher trockene Böden.
Gute Partner: Kaukasus-Vergissmeinnicht, Lungenkraut, Primeln, Alpenveilchen, wintergrüne Farne.
Bemerkungen: Christrosen sind langlebig und bilden mit den Jahren durch flache Rhizome große Horste. Nachfolgend die wichtigsten Arten für den Garten: Die Christrose *(H. niger)* öffnet zum Teil schon im Dezember ihre großen, weißen Blüten; sie wird 20–30 cm hoch. Die Lenzrose *(H.*-Orientalis-Hybriden) wird bis zu 50 cm hoch. Sie bezaubert durch zahlreiche Sorten mit roten, rosafarbenen und weißen Blüten, zum Teil mit Füllung oder einer wunderschönen Sprenkelung in der Blütenmitte. Die Stinkende Nieswurz *(H. foetidus)* wächst strauchartig. Die grünen Blütenglöckchen erscheinen im späten Winter. Sie ist immergrün und erreicht eine Höhe von 50 cm.

Lenzrose

Leberblümchen
Hepatica in Arten und Sorten

✿ 3–4 ⬆ 5–15 cm
Blüten: Blau, weiß oder rosa, zart, schalenförmig, mit auffallend gelben Staubgefäßen.
Blätter: Frischgrün, glänzend, drei- bis fünflappig.
Wuchsform: Horstartig, breitet sich flächig aus.
Standort: Kalkhaltige, humusreiche Böden.
Gute Partner: Buschwindröschen, Gedenkemein, Lerchensporn, Nieswurz, Kissenprimel, Veilchen.
Bemerkungen: Das Gewöhnliche Leberblümchen *(H. nobilis)* ist an geschützten Standorten wintergrün. Die Blütenfarbe variiert von hell- oder dunkelblau bis violett. Es gibt mehrere Sorten. Als kleine Polsterpflanze hat sich das Siebenbürger Leberblümchen *(H. transsylvanica)* bewährt, das den Wurzeldruck von Gehölzen gut verträgt. Bild siehe Seite 1.

Purpurglöckchen

Purpurglöckchen
Heuchera in Arten und Sorten

✿ 5–7 ⬆ 40–70 cm
Blüten: Weiß, rosa, rot, glockenförmig, in Rispen an langen, blattlosen, straffen Stielen.
Blätter: Herzförmig, lang gestielt, in Rosetten wintergrün.
Wuchsform: Buschig, horstig.
Standort: Nährstoffreiche, humose Böden.
Gute Partner: Akelei, Aronstab, Prachtspiere, Hundszahn.

Bemerkungen: *H.* x *brizoides* (auch *Heuchera*-Hybriden genannt) ist die wichtigste Art für den Garten. Es gibt viele verschiedene Sorten. Großen Blattschmuckwert zeichnet die Art *H. micrantha* 'Palace Purple' aus. Ihre Blätter sind glänzend, burgunderrot und recht groß, die Blüten zartrosa. *H. cylindrica* 'Greenfinch' trägt cremegrüne Blütenrispen und bildet schöne dunkelgrüne Blatthorste.

Blüten der Blaublattfunkie

Funkie
***Hosta* in Arten und Sorten**

✿ 6–10 ⬆ 20–90 cm
Blüten: Weiß bis dunkellila, glockenförmig, nickend, in vielblütigen Trauben.
Blätter: Groß, herzförmig oder lanzettlich mit markanter Nervatur, am Rand glatt oder gewellt, einfarbig grün, stahlblau, gelbbunt oder weißbunt gefleckt.
Wuchsform: Horstig.

Bewährte Funkien

Funkien-Arten und -Sorten	Höhe (cm)	Blütezeit	Blütenfarbe	Blatt
Frühlingsgoldfunkie *(Hosta fortunei* 'Aurea')	40–50	Juli bis August	violett	im Austrieb leuchtend goldgelb, ab Mitte Juni hellgrün und schwach bereift, herzförmig, mittelgroß
Hosta 'Gold Standard'	70–80	Juli bis August	lavendelfarben	gelbgrün, bläulich gefleckt mit schmalem, tiefgrünem Rand, herzförmig
Lanzenfunkie *(Hosta lancifolia)*	20–40	August bis September	dunkelviolett	Blattstiele lang und schmal mit purpurnen Flecken, zum Grund hin purpurbraun getönt, grün, beiderseits glänzend, lanzettlich
Lilienfunkie *(Hosta plantaginea* 'Royal Standard')	50–70	August bis September	weiß, duftend	grün, lang gestielt, groß und breit herzförmig, kurz zugespitzt, beiderseits glänzend, sehr elegant
Große Blaublattfunkie *(Hosta sieboldiana* 'Elegans')	70–90	Juli bis August	blassviolett bis weiß	kräftig graublau bereift, breit herzförmig, kurz zugespitzt, zwischen den Nerven runzelig
Hosta 'Halcyon'	40–60	Juli bis September	hellviolett	breit, intensiv blau bereift, gedrungen
Schneefederfunkie *(Hosta undulata* 'Univittata')	25–40	August bis September	hellviolett	breit oval, etwas gewellt, längs der Mittelrippe weiß gezeichnet, die weißen Felder laufen in schmalen Streifen aus, Blattspitze oft zur Seite gedreht, treibt bereits Ende April aus.

Formen- und Farbenvielfalt der Funkien

Standort: Nährstoffreiche, humose Böden.
Gute Partner: Akelei, Storchschnabel, Gräser, Farne.
Bemerkungen: Der Austrieb erfolgt erst relativ spät im April bis Mai, weshalb die Pflanzstellen im Frühjahr zunächst kahl sind. Es gibt zahlreiche Sorten, die oft in Gruppen eingeteilt werden (z. B. Blaublatt-, Gelbblatt-, Weißrandfunkie). Funkien werden gern von Schnecken angefressen, doch sind die Sorten dafür unterschiedlich anfällig. Einen Überblick über bewährte Funkien gibt die Tabelle links.

Wachsglocke
Kirengeshoma palmata

✿ 8–9 ⬆ 50–80 cm
Blüten: Zitronengelb, fleischig-wachsartig, nickend, in überhängenden Trauben.
Blätter: Stumpfgrün, herzförmig, handförmig gelappt.
Wuchsform: Dichthorstig, vieltriebig.
Standort: Frische, nährstoffreiche, humose Böden.
Gute Partner: Eisenhut, Funkie, Herbstanemone, Schaublatt, September-Silberkerze, Seggen, Straußfarn.

Goldnessel
Lamiastrum galeobdolon
(Syn.: *Lamium galeobdolon*)

✿ 4–7 ⬆ 20–30 cm
Blüten: Gelb, wenig zahlreich, lippenfömig mit helmartiger Oberlippe.
Blätter: Weißbunt gefleckt, wintergrün.
Wuchsform: Breitet sich flächig aus, wuchernd.
Standort: Frische, humusreiche Böden.
Gute Partner: Lungenkraut, Prachtspiere, Storchschnabel, Rasenschmiele, Waldfrauenfarn.
Bemerkungen: Wuchsstarker Bodendecker, der Unkraut verdrängt, aber auch schwachwüchsige Stauden.

Wachsglocke

Gefleckte Taubnessel
Lamium maculatum

✿ 5–7 ⬆ 15–25 cm
Blüten: Rötlich-purpurfarben, rosa, weiß, lippenförmig mit helmartiger Oberlippe.
Blätter: Dunkelgrün, oft mit silbriger Zeichnung.
Wuchsform: Niederliegend, breitet sich flächig aus.
Standort: Humusreiche, auch sandige Böden.
Gute Partner: Lungenkraut, Storchschnabel, Knotenblume, Rasenschmiele, Gewöhnlicher Tüpfelfarn.
Bemerkungen: Zu empfehlen sind vor allem die Sorten mit buntem oder geflecktem Laub, z. B. 'Album' – weiße Blüte, silbriges Laub; 'Chequers' – silbriges Laub mit grünem Rand, rosa Blüten; 'Golden Nuggets' – gelbgrüne Blätter, hellviolette Blüten.

Gefleckte Taubnessel

Ligularie, Goldkolben
Ligularia in Arten und Sorten

✿ 7–9 ⬆ 100–190 cm
Blüten: Gelb, orange, in Körbchen mit strahlenförmigen Zungenblüten, in kegelförmigen oder schirmartigen Rispen oder in schlanken Ähren.
Blätter: Frischgrün bis braungrün.
Wuchsform: Horstartig, aufrecht.
Standort: Nährstoffreiche, frische Böden.
Gute Partner: Eisenhut, Funkie, Herbstanemone, Prachtspiere, Königsfarn.
Bemerkungen: Ligularien brauchen Platz, um sich zu allen Seiten entfalten zu können. Eine ornamentale Wirkung erreichen die großen herzförmigen Blätter des Japanischen Goldkolbens *(L. dentata)*. Von August bis September stehen die großen orangefarbenen Blüten in schirmförmigen Rispen bis 150 cm hoch frei über dem Laub. Auffällig sind die bräunlichen bis purpurroten Blätter der Sorte 'Desdemona', die rötlich-orange blüht und bis 100 cm hoch wächst, allerdings auch bei Schnecken beliebt ist. Die kolbenartigen, goldgelben Blütenstände der Riesen-Ligularie *(L. x hessei)* erreichen eine Höhe von 190 cm und zeigen sich von Juli bis August. Die bis 150 cm hohe Art *L. przewalskii* hat tief eingebuchtete Blätter und blüht mit schmalen, aufrechten, gelben Blütenähren von Juli bis August.

Ligularia przewalskii

Felberich
Lysimachia in Arten und Sorten

✿ 5–8 ⬆ 5–80 cm

Blüten: Gelb, beim Pfennigkraut einzeln, sonst in Trauben, Dolden oder Ähren.

Blätter: Stumpfgrün, eiförmig bis breitlanzettlich.

Wuchsform: Kriechend (Pfennigkraut) oder horstartig aufrecht.

Standort: Nährstoffreiche, frische bis feuchte Böden.

Gute Partner: Ligularie, Prachtspiere, Storchschnabel, Spierstaude, Wurmfarn.

Bemerkungen: Die wichtigsten Arten sind: das Pfennigkraut *(L. nummularia)*, ein Bodendecker für feuchte Böden und Uferzonen, nur 5–10 cm hoch mit einzelnen, gelben Blüten, und der Goldfelberich *(L. punctata)*, eine bis zu 100 cm hohe Staude mit attraktiven, gelben Blüten in Ähren von Juni bis August. Letztere Art ist wuchskräftig und breitet sich stark aus. Ihre Sorte 'Alexander' trägt weiß-gelb geflecktes Laub. Bild siehe Seite 31.

Gelber Scheinmohn

Scheinmohn
Meconopsis in Arten und Sorten

✿ 6–9 ⬆ 30–120 cm

Blüten: Große Mohnblüten in Blau bis Violett oder Gelb, nickend, zart wie Seidenpapier.

Blätter: Hellgrün, länglich eiförmig, borstig behaart.

Wuchsform: Rosettenförmig.

Standort: Humose, nährstoffreiche Böden, windgeschützt.

Gute Partner: Funkie, Wachsglocke, Japanwaldgras, Straußfarn, Seggen, Rhododendron.

Bemerkungen: Der Tibet-Scheinmohn *(M. betonicifolia)* wird bis zu 120 cm hoch und blüht mit himmelblauen Schalenblüten. Er benötigt sehr humose Böden und eine hohe Luftfeuchtigkeit, ist ideal für Rhododendron-Pflanzungen. Der Gelbe Scheinmohn *(M. cambrica)* gehört zu den Dauerblühern, der sich durch Selbstaussaat rasch ausbreitet. Blütezeit von Juni bis September, Höhe 30 cm.

Sumpf-Vergissmeinnicht
Myosotis palustris

✿ 5–8 ⬆ 20–30 cm

Blüten: Blaue Vergissmeinnicht-Blüten.

Blätter: Stumpfgrün, länglich zungenförmig, rau behaart.
Wuchsform: Buschig, Ausläufer treibend.
Standort: Feuchte Gartenböden.
Gute Partner: Aronstab, Pfennigkraut, Primeln, Rasenschmiele, Waldfrauenfarn.

Gedenkemein
Omphalodes verna

✿ 3–5 ⬆ 15–20 cm
Blüten: Weiß oder blau, an Vergissmeinnicht erinnernd.
Blätter: Frischgrün, herz-eiförmig, rau behaart.
Wuchsform: Flach ausgebreitet, bodendeckend.
Standort: Frische, humose Böden.

Gedenkemein

Gute Partner: Leberblümchen, Lungenkraut, Prachtspiere, Tränendes Herz, Waldsteinie.
Bemerkungen: *O. cappadocica* blüht in lichtem Blau von April bis Mai und breitet sich nur mäßig aus. Diese Art verlangt einen durchlässigen Boden. Die Sorte 'Starry Eyed' hat blaue Blüten mit weißem Rand.

Louisiana-Flammenblume
Phlox divaricata

✿ 4–5 ⬆ 20–40 cm
Blüten: Lavendelfarben, in Dolden, duftend.
Blätter: Mattgrün, spitz, eiförmig.
Wuchsform: Horstartig
Standort: Humose Gartenböden.
Gute Partner: Akelei, Storchschnabel, Waldmeister, Dreiblatt, Hundszahn.
Bemerkungen: 'Dirigo Ice' ist eine niedrige Sorte (30 cm) mit wasserblauen Blüten.

Jakobsleiter
Polemonium caeruleum

✿ 5–6 ⬆ 40–80 cm
Blüten: Kleine, lavendelblaue Glöckchen in lockeren Trugdolden.

Flammenblume

Blätter: Frischgrün, gefiedert, regelmäßige Anordnung.
Wuchsform: Dichte Rosetten.
Standort: Frische Böden, bei ausreichender Bodenfeuchtigkeit auch sonnige Plätze.
Gute Partner: Purpurglöckchen, Kaukasus-Vergissmeinnicht, Wald-Glockenblume.
Bemerkungen: Rückschnitt nach der Blüte fördert den Neuaustrieb und eine zweite Blüte.

Salomonssiegel
Polygonatum-Hybride 'Weihenstephan'

✿ 5–6 ⬆ 60–90 cm
Blüten: Weiß, röhrenförmig, hängen einseitswendig aus den Achseln der Blätter.

Kissenprimeln

Blätter: Blaugrün, matt glänzend, breit lanzettlich.
Wuchsform: Horstartig, mit bogigen oder aufrechten Trieben.
Standort: Lockere, humose und nährstoffreiche Böden.
Gute Partner: Aronstab, Funkie, Herbstanemone, Schaublatt.
Bemerkungen: Die Vielblütige Weißwurz *(P. multiflorum)* ist heimisch, ihre Stängel wachsen weit übergeneigt. Die weißen Blüten mit grünlicher Spitze erscheinen im Mai bis Juni. Höhe: 30–60 cm. Bild siehe Seite 88.

Primeln
Primula in Arten und Sorten

✿ 3–5, 6–8 ⬆ 5–50 cm
Blüten: Fast alle Farben, trichterförmig, einzeln, in Dolden oder lockeren Trauben.
Blätter: Länglich eiförmig, in grundständiger Rosette.
Wuchsform: Horstartig.
Standort: Nährstoffreiche, humose, frische Böden.
Gute Partner: Haselwurz, Leberblümchen, Lungenkraut, Nieswurz, Vergissmeinnicht.
Bemerkungen: Bei den Frühlingsblühern spielen die Kugelprimeln *(P. denticulata)* sowie Kissen- und Teppichprimeln *(P. vulgaris* sowie in bunten Farben *P.*-Juliae-Hybriden) und die Hohe Schlüsselblume *(P. elatior)* eine große Rolle. In den Sommermonaten bereichern Etagenprimeln *(P. x bullesiana)* und die Tibetprimel *(P. florindae)* eine wichtige Rolle. Kugelprimeln *(P. denticulata)* 3–5, 20–25 cm; Teppichprimel *(P. juliae)* 3–4, 5 cm; Kissenprimeln *(P. vulgaris)* 3–4, 5–10 cm; Hohe Schlüsselblume *(P. elatior)* 3–4, 20 cm; Etagenprimeln *(P. x bullesiana)* 6–8, 40–50 cm; Tibetprimel *(P. florindae)* 6–7, 50–60 cm.

Kugelprimel

Etagenprimeln

Lungenkraut
Pulmonaria in Arten und Sorten

✿ 3–5 ⬆ 20–40 cm
Blüten: Rot, violett, blau, selten weiß, trichterförmig, in endständigen Trauben.
Blätter: Rauhaarig, teilweise gefleckt.
Wuchsform: Kriechend.
Standort: Nährstoffreiche Gartenböden.
Gute Partner: Herzblume, Kaukasus-Vergissmeinnicht, Veilchen, Waldsteinie, Primeln, Nieswurz.
Bemerkungen: Das Schmalblättrige Lungenkraut *(P. angustifolia)* blüht anfangs karminrot, später azurblau, die Blätter sind länglich und ungefleckt. 'Alba' hat weiße Blüten, 'Azurea' blüht enzianblau. Die Blüten des Gefleckten Lungenkrauts *(P. officinalis)* erblühen rosa und verfärben sich im Verblühen violett. Die Blätter des Spanischen Lungenkrautes *(P. saccharata)* zeichnen sich durch große weiße Flecken aus. Die Sorte 'Mrs. Moon' blüht leuchtend rot, 'Sissinghurst' dagegen weiß.

Spanisches Lungenkraut 'Sissinghurst'

Schaublatt

Schaublatt
Rodgersia in Arten und Sorten

✿ 6–7 ⬆ 60–120 cm
Blüten: Weiß, rötlich, rosa, gelblich- bis grünlichweiß, in Rispen, aufrecht oder überhängend.
Blätter: Dunkelgrün, groß, derb, handförmig oder fiedergeteilt, lang gestielt.
Wuchsform: Buschig, breitet sich langsam aus.
Standort: Nährstoffreiche, humose Böden.
Gute Partner: Eisenhut, Herbstanemone, Ligularie, Prachtspiere, Silberkerze, Rhododendron.
Bemerkungen: Das Schaublatt ist eine hervorragende Dekorationsstaude für schattige Plätze. Die Blätter von *R. aesculifolia* sehen denen der Rosskastanie täuschend ähnlich, ihre pyramidalen Blütenstände sind weiß und locker verzweigt; Höhe 100 cm. *R. henrici* blüht hellrosa, die Blütenstände sind ca. 50 cm hoch. Die Blüten von *R. pinnata* sind rötlich, die Blätter dunkelgrün, glänzend und 6 bis 9-teilig. Diese Art wird 100 cm hoch. *R. podophylla* wird bis zu 120 cm hoch und blüht gelblich-weiß mit üppigen, überhängenden Rispen. Die Sorte 'Rotlaub' ist im Austrieb rotbraun. Einen breiten Wuchs weist die cremeweiß blühende Sorte 'Smaragd' auf. *R. sambucifolia* hat 3- bis 5-paarige Fiederblätter und erreicht 100 cm Höhe. Die weißen Blüten stehen in dichten Rispen. 'Rothaut' ist eine dunkellaubige Sorte mit braunrotem Austrieb und kräftigem Wuchs.

Schattensteinbrech
Saxifraga in Arten und Sorten

✿ 2–10, Hauptblüte 3–6
↑ 5–60 cm

Blüten: Weiß, seltener gelb, rosa oder rot, einzeln oder in Rispen, Trauben und Trugdolden.

Blätter: Je nach Art sehr unterschiedlich, beispielsweise moosartig, rosettenförmig, fleischig verdickt.

Wuchsform: Polsterförmig, Ausläufer treibend, rosettenbildend, z. T. buschig.

Standort: Humusreiche, durchlässige, eher frische Böden.

Porzellanblümchen

Gute Partner: Hasenglöckchen, Alpenveilchen, Bärenfellgras, Marbel, Gewöhnlicher Tüpfelfarn.

Bemerkungen: Die Steinbrech-Arten sind sehr unterschiedlich und zahlreich. Die wichtigsten sind:
S.-Arendsii-Hybriden (moosartige Polster mit kleinen, gestielten Schalenblüten in Rosa, Rot und Weiß, Höhe: 5 cm). Herbststeinbrech *(S. cortusifolia* var. *fortunei)* mit weißen Blütenrispen im September/Oktober, Höhe 30 cm, bräunliche Blätter, für geschützte Standorte mit humosem Boden. Porzellanblümchen *(S.* x *urbium,* auch als *S. umbrosa* im Handel) mit dunkelgrünen Blattrosetten und langgestielten Rispen aus feinen, rosaroten Blüten im Mai/Juni. Höhe: 20–25 cm.

Beinwell
Symphytum in Arten und Sorten

✿ 5–8 ↑ 30–60 cm

Blüten: Gelb, blau oder purpurfarben, borstig behaart, röhrig, nickend.

Blätter: Graugrün, groß, eiförmig, rau behaart, wintergrün.

Wuchsform: Breitet sich durch Ausläufer flächig aus.

Beinwell

Standort: Frische, humose Gartenböden.

Gute Partner: Gedenkemein, Immergrün, Kaukasus-Vergissmeinnicht, Prachtspiere, Waldsteinie.

Bemerkungen: Der Kaukasus-Beinwell *(S. caucasicum)* trägt von Juni bis August azurblaue Blüten. Die rahmgelben Blüten des Kleinen Kaukasus-Beinwells *(S. grandiflorum)* erscheinen bereits im Mai. Die 25 cm hohe Art ist sehr wüchsig und verdrängt Unkraut. Die Blätter der Sorte 'Goldsmith' sind panaschiert (gefleckt). 'Hidcote Blue' blüht zu Anfang zartblau und verblasst später. Beide Sorten werden 40 cm hoch.

Schaumblüte

Wiesenraute
***Thalictrum* in Arten und Sorten**

✿ 5–8 ⬆ 80–200 cm

Blüten: Grün, gelb, weiß, rosa, lila, zart und duftig mit stark entwickelten Staubgefäßen, in vielästigen oder lockeren Rispen.
Blätter: Blaugrün, mehrfach gefiedert, ähnlich wie bei der Akelei.
Wuchsform: Horstig, aufrecht.
Standort: Nährstoffreiche, frische bis feuchte, eher saure Böden.
Gute Partner: Fuchsie, Ligularie, Prachtspiere, Spierstaude, Waldglockenblume, Seggen.
Bemerkungen: Die lila- bis purpurfarbenen Blüten der Akeleiblättrigen Wiesenraute *(T. aquilegifolium)* erhalten durch die stark entwickelten Staubblätter ein fedriges Aussehen. Diese heimische Art wird 120 cm hoch. Die Gelbe Wiesenraute *(T. flavum)* hat graublau bereiftes Laub und blüht schwefelgelb. Höhe: bis 200 cm. Leicht und zart wirkt *Thalictrum delavayi,* (Syn.: *T. dipterocarpum)* mit fliederfarbenen Blüten in großen, lockeren Rispen. Sie erreichen 120 cm Höhe.

Schaumblüte
***Tiarella* in Arten**

✿ 4–6 ⬆ 15–35 cm

Blüten: Weiß, dicht in lockeren Kerzen.
Blätter: Lindgrün, oval, gelappt, rötliche Herbstfärbung.
Wuchsform: Breitet sich allmählich flächig aus, z.T. durch Ausläufer.
Standort: Humose, frische Böden.
Gute Partner: Bergenie, Herzblume, Lungenkraut, Waldsteinie, Breitblattsegge, Perlfarn.
Bemerkungen: Das Wald-Schaumkraut *(T. cordifolia)* wächst bis 30 cm hoch, seine weißen Blütentrauben stehen von April bis Mai über den Blättern. Die Blätter von *T. wherryi* sind am Grund braun gefleckt, die Blüten sind weiß mit einem Hauch rosa. Diese Art wird bis zu 35 cm hoch und bildet keine Ausläufer.

Dreimasterblume
***Tradescantia*-Andersoniana-Hybriden**

✿ 5–9 ⬆ 40–60 cm

Blüten: Hellblau, violett, rot,

Dreimasterblume

weiß, mit drei Kronblättern und sechs auffallend gelben Staubgefäßen, in Dolden.
Blätter: Grün, glatt, grasartig.
Wuchsform: Horstartig, buschig.
Standort: Nährstoffreiche, frische bis feuchte Böden.
Gute Partner: Bergenie, Felberich, Mädesüß, Trollblume.

Europäische Trollblume
Trollius europaeus

✿ 5–6 ⬆ 50–70 cm
Blüten: Zitronengelb bis dottergelb, einzeln, kugelig, geöffnet schalenartig.
Blätter: Frischgrün, handförmig zerteilt.
Wuchsform: Dichthorstig.
Standort: Nährstoffreiche, humose, frische bis feuchte Böden.
Gute Partner: Funkie, Gedenkemein, Lungenkraut, Primeln, Storchschnabel, Wiesenraute.

Immergrün
Vinca in Arten und Sorten

✿ 4–5 ⬆ 10–50 cm
Blüten: Blauviolett, lila, weiß, purpurrot, einzeln stehend, sternförmig.
Blätter: Glänzend, breit lanzettlich, wintergrün.
Wuchsform: Niederliegende Triebe, die flach ausgebreitete Teppiche bilden.
Standort: Humusreiche Gartenböden.
Gute Partner: Haselwurz, Lungenkraut, Nieswurz, Silberkerze, Taubnessel, Ysander.
Bemerkungen: Das Kleine Immergrün *(V. minor)* wird bis 15 cm hoch, seine Triebe sind niederliegend, die blühenden Zweige aufgerichtet. Wichtige Sorten: 'Bowles' – violettblau, 'Rubra' – dunkelviolett, 'Gertrude Jeckyll' – weiß, zierlich. Das Große Immergrün *(V. major)* ist in allen Teilen größer und erreicht eine Höhe von 30 cm. Bei der Sorte 'Variegata' sind die Blätter weiß oder gelb gerandet.

Kleines Immergrün

Pfingstveilchen

Veilchen
Viola in Arten und Sorten

✿ 3–8, bei Duftveilchen Nachblüte im September
⬆ 10–20 cm
Blüten: Blau, violett, weiß, rot, gelb, einzeln stehend mit langem Sporn, auf dünnen Stielen.
Blätter: Grasgrün, breit herzförmig.
Wuchsform: Buschig, breitet sich z.T. durch Ausläufer aus.
Standort: Nährstoffreiche, humose Böden.
Gute Partner: Lungenkraut, Primeln, Waldmeister, Alpenveilchen, Seggen.
Bemerkungen: Das Wohlriechende Veilchen *(V. odorata)* bildet wurzelnde Ausläufer, die Blüten duften; die Sorte 'Königin Charlotte' trägt dunkelviolette Blüten. Das Pfingstveilchen *(V. sororia,* Syn.: *V. papilionacea)* fällt mit den Sorten 'Immaculata' (weiße, große Blüten) und 'Freckles' (wasserblau gesprenkelte, weiße Blüten) auf.

Waldsteinie

Waldsteinie
***Waldsteinia* in Arten**

✿ 4–5 ⬆ 5–25 cm
Blüten: Gelb, dicht über dem Laub, in Trugdolden.
Blätter: 3-5-teilig, derb, z.T. behaart, wintergrün.
Wuchsform: Horstig oder kriechend mit Ausläufern.
Standort: Gartenböden.
Gute Partner: Duftveilchen, Kriechender Günsel, Leberblümchen, Lungenkraut, niedrige Prachtspieren.
Bemerkungen: Waldsteinien vertragen Wurzeldruck und sind als Bodendecker ideale Falllaubschlucker und Unkrautverdränger. Eine schöne Herbstfärbung hat *W. geoides*. Diese horstige Art (ohne Ausläufer) schließt den Bestand langsamer als *W. ternata* mit ihren kriechenden Ausläufern.

Gräser für schattige Plätze

Eine ganze Reihe von gestalterisch interessanten Eigenschaften haben den Gräsern einen besonderen Platz im Schatten eingeräumt. Die länglichen Blätter wirken gleichmäßig und fügen sich dezent in das Spiel der verschiedenen Formen ein. Zugleich bereichern sie Pflanzenkombinationen angenehm mit einer Portion Auflockerung und einer Prise Abwechslung. Streifenmuster auf den Blättern und der zurückhaltende Flor sorgen für eine gute Partnerschaft zu dem auffälligen Blütenschmuck von Stauden und Zwiebelblumen.

Segge
***Carex* in Arten und Sorten**

✿ 5–8 ⬆ 10–70 cm
Blüten: Hellgelb, grün, rotbraun, locker hängende, aufrechte bis borstig aussehende Ähren, 15–100 cm hoch.
Blätter: Steif, glänzend frisch bis dunkelgrün, wintergrün, zum Teil mit farbiger Zeichnung.
Wuchsform: Dichte bis lockere Horste.
Standort: Humose, leicht lehmige bis feuchte Böden.
Gute Partner: Elfenblume, Lungenkraut, Schaumblüte, Schneeglöckchen, Rhododendron.
Bemerkungen: Interessante morgensternartige Ähren haben

Japansegge im Herbst

Rasenschmiele

der Morgensternsegge *(Carex grayi)* ihren Namen gegeben; Höhe: 30–60 cm, Blütezeit: Juli/August. Die Japansegge *(C. morrowii* 'Variegata') eignet sich mit ihren gelb gerandeten, wintergrünen Blättern ideal für die Unterpflanzung von Gehölzen. Sie wird 40 cm hoch und blüht im Juni/Juli. *C. hachijoensis* 'Evergold' hat goldgelb-weiße Streifen in den sonst grünen Blättern und ist immergrün. Ihre Wuchshöhe beträgt 20–30 cm, die Blütezeit ist im Mai. Die Hänge- oder Riesensegge *(C. pendula)* wird bis zu 100 cm hoch und blüht ab Juli in weit überhängenden Ähren. Die immergrüne Breitblattsegge *(C. plantaginea)* beeindruckt durch breite, hellgrüne Blätter. Sie erreicht 20–30 cm Höhe und blüht im April/Mai.

Rasenschmiele, Waldschmiele
Deschampsia cespitosa

✿ 6–8 ⬆ 30–60 cm

Blüten: Gelbbraune, schleierartige Blütenrispen, 70–100 cm hoch.
Blätter: Flach, überhängend, frischgrün, goldgelbe Herbstfärbung
Wuchsform: Dicht, horstartig.
Standort: Frische bis feuchte, nährstoffreiche Böden.
Gute Partner: Akelei, Astilbe, Waldglockenblume, Funkie.
Bemerkung: Die Sorte 'Tauträger' lässt die besonders zarten Blütenrispen erst relativ spät im Sommer aus den dichten Blatthorsten sprießen.

Bärenfellgras
Festuca gautieri
(Syn.: *F. scoparia*)

✿ 6–7 ⬆ 10–15 cm

Blüten: Gelbgrüne, dünne Rispen, 15–25 cm hoch.
Blätter: Saftig grün, feine Halme, wintergrün.
Wuchsform: Dichte Rasenpolster.
Standort: Durchlässige, magere Böden.
Gute Partner: Purpurglöckchen, Blaustern, Elfenkrokus, Schneestolz.
Bemerkung: 'Pic Carlit' ist besonders zierlich und kompakt und auch für Töpfe geeignet

Japanwaldgras
Hakonechloa macra

✿ 7–10 ⬆ 30–40 cm

Blüten: Grünliche, in Ähren, elegant wirkend, 30–40 cm hoch.
Blätter: Dunkelgrün, lanzettlich, überhängend.
Wuchsform: Horste, Ausläufer treibend.
Standort: Frische, humose Böden, erträgt vorübergehende Trockenheit in Töpfen.
Gute Partner: Niedrige Funkien, Primeln, Rotschleierfarn.

Japanwaldgras

Bemerkungen: Die Sorte 'Aureola', auch als Gold-Japanwaldgras bekannt, fällt durch grüngelb gestreifte Blätter auf; Höhe: 60 cm. Sowohl die reine Art und als auch die Sorte bringen ihre Schönheit zwischen kleineren Findlingen besonders zur Geltung. Auch für Töpfe geeignet.

Marbel, Hainsimse
Luzula in Arten

✿ 4–7 ⬆ 10–30 cm
Blüten: Weiß, in doldenartigen Rispen, 20–40 cm hoch.
Blätter: Dunkelgrün, glänzend, breit linealisch, wintergrün, früh austreibend.
Wuchsform: Horstartig, ausladend.
Standort: Humose, durchlässige feuchte, kalkarme Böden.

Schneeweiße Hainsimse

Pfauenradfarn

Gute Partner: Elfenblume, Funkie, rotlaubige Purpurglöckchen, Schaumblüte, Immergrün, Waldsteinie.
Bemerkungen: Die Schneeweiße Hainsimse *(L. nivea)* blüht üppig mit weißen doldenartigen Rispen, während die Haarsimse *(L. pilosa)* bräunliche, doldenartige Blüten hat und sehr früh austreibt. Die immergrüne Wald-Hainsimse *(L. sylvatica)* blüht in dichten braunen Blütenständen von April bis Juni. Alle Arten sind pflegeleichte, zuverlässige Bodendecker.

Farne für schattige Plätze

Farne bereichern den Schatten als wundervolle Blattschmuckpflanzen. Diese einzigartigen, urtümlich wirkenden Gewächse lieben den lichten Schatten und meiden extreme Standorte. Sie tragen keine prachtvollen Blüten, doch mit der Vielfalt ihrer eleganten Wedel setzen sie markante Akzente in der Gestaltung von Rabatten unter Solitärgehölzen oder am Gehölzrand.

Pfauenradfarn
Adiantum pedatum

⬆ 40–60 cm
Blätter: Fein gefiederte, hellgrüne Wedel an schwarzen, drahtigen Stielen.
Wuchsform: Breite Horste, langsam kriechend.
Standort: Saure, humusreiche Böden, luftfeucht, vor Spätfrösten geschützt.
Gute Partner: Primeln, Schaumblüte, Schaumkraut, Alpenveilchen, Dreiblatt, Knotenblume, Waldmarbel, niedrige Rhododendren.

Waldfrauenfarn

Waldfrauenfarn
Athyrium filix-femina

⬆ 40–100 cm
Blätter: Fein gefiederte, große Wedel, hellgrün.
Wuchsform: Dichtbuschig, kurze Rhizome.
Standort: Kalkarme, frische bis feuchte Böden.
Gute Partner: Kaukasus-Vergissmeinnicht, Primel, Japansegge.
Bemerkung: Der Regenbogenfarn *(A. niponicum)* fällt durch metallisch schimmernde Wedel auf (Höhe: 30–40 cm), die Sorte 'Pictum' trägt zusätzlich eine silbergraue Zeichnung auf den Fiederblättern.

Rippenfarn
Blechnum spicant

⬆ 20–50 cm
Blätter: Einfach gefiederte Wedel, lederartig, wintergrün.
Wuchsform: Rhizome mit Ausläufern.
Standort: Humose, feuchte, saure Böden, luftfeucht.
Gute Partner: Haselwurz, Elfenblume, Primeln, Salomonssiegel, Azalee.
Bemerkungen: Ideal für naturnahe Gestaltungen. Heimischer Waldfarn.

Mondsichelfarn

Mondsichelfarn, Ilexfarn
Cyrtomium fortunei
(Syn.: *Polystichum falcatum* var. *fortunei*)

⬆ 40–70 cm
Blätter: Dunkelgrün, einfach gefiedert, lederartig fest und spitz auslaufend.
Wuchsform: Aufrechter, fächerförmiger Wuchs, horstartig.
Standort: Kalkarme, frische Böden, Schutz vor Wind und Wintersonne, verträgt Trockenheit.
Gute Partner: Japansegge, Waldschmiele, Rhododendron, Buchs.

Wurmfarn

Wurmfarn
Dryopteris in Arten

⬆ 40–140 cm
Blätter: Glänzend grüne Wedel, dreieckig, einfach bis dreifach gefiedert, Austrieb besonders dekorativ.
Wuchsform: Aufrecht oder trichterförmig, teils auch leicht überhängend bis flach ausgebreitet.
Standort: Humose, frische Böden.
Gute Partner: Buschwindröschen, Immergrün, Lungenkraut, Schneeglöckchen, Waldschmiele.
Bemerkungen: Der Goldschuppenfarn *(D. affinis)* ist an den Stielen und frisch austreibenden Wedeln goldbraun beschuppt. Beim Rotschleierfarn *(D. erythrosora)* glänzen die Stiele rotbraun, ähnlich wie die frisch austreibenden Wedel. Der Gewöhnliche Wurmfarn *(D. filix-mas)* gehört zu den größten (bis 140 cm Höhe) heimischen Waldfarnen.

Eichenfarn
Gymnocarpium dryopteris

⬆ 10–30 cm
Blätter: Wedel zart hellgrün, gleichseitig dreieckig.
Wuchsform: Teppichbildend, breitet sich durch Ausläufer aus.
Standort: Humose, frische Böden.
Gute Partner: Akelei, Vorfrühlings-Alpenveilchen, Hainsimse.
Bemerkung: Guter Bodendecker.

Straußfarn, Trichterfarn
Matteuccia struthiopteris

⬆ 80–120 cm
Blätter: Frischgrüne, doppelt gefiederte Wedel, früh austreibend; in der Mitte der Blatttrichter entwickeln sich die olivgrünen bis schwarzbraunen fruchtbaren Sporenwedel.
Wuchsform: Trichterförmig, der Wurzelstock breitet sich durch Ausläufer aus.
Standort: Humose, nährstoffreiche Böden.
Gute Partner: Funkie, Kaukasus-Vergissmeinnicht, Schaublatt, Waldsteinie.

Trichterfarn

Perlfarn
Onoclea sensibilis

⬆ 40–50 cm
Blätter: Einfach gefiederte, frischgrüne Wedel, im Austrieb fahlrot, aufrechte, hellbraune Sporenwedel in der Mitte.
Wuchsform: Stark kriechendes Rhizom.
Standort: Humose, frische bis feuchte Böden.
Gute Partner: Funkie, Pfennigkraut, Primel, Morgenstern-Segge.
Bemerkung: Ideal für die Begrünung von schattigen Uferbereichen.

Königsfarn
Osmunda regalis

⬆ 60–120 cm
Blätter: Doppelt gefiederte Wedel, hellgrün, leuchtend gelbe Herbstfärbung.
Wuchsform: Horstartig, trichterförmig.
Standort: Kalkfreie, nährstoffreiche, feuchte bis frische Böden, luftfeuchte, wintermilde Lagen.
Gute Partner: Aronstab, Funkie, Geißbart, Schaublatt, Riesensegge.
Bemerkung: Die Sorte 'Purpurascens' schmückt sich im Austrieb und zum Herbst mit purpurfarbenen Wedeln, sie wird 60–140 cm hoch.

Königsfarn

Hirschzungenfarn
Phyllitis scolopendrium

⬆ 20–40 cm
Blätter: Ungeteilt, zungenförmige Wedel, glänzend dunkelgrün mit schwarzer Mittelrippe, wintergrün.
Wuchsform: Breit, horstartig.
Standort: Nährstoffreiche, frische bis feuchte Humusböden.
Gute Partner: Salomonssiegel, Waldmeister, Pfauenradfarn.
Bemerkungen: Pflanze sollte vor Wintersonne geschützt werden.

Gewöhnlicher Tüpfelfarn, Engelsüß
Polypodium vulgare

⬆ 20–30 cm
Blätter: Einfach gefiederte Wedel, leicht überhängend, wintergrün.
Wuchsform: Bildet Teppiche.
Standort: Kalkarme, sandig-steinige Böden mit dünner Humusauflage.
Gute Partner: Immergrün, Schattensteinbrech, Bärenfellgras.
Bemerkungen: Eignet sich für das Alpinum und die Bepflanzung von Mauerkronen.

Hirschzungenfarn

Schildfarn
***Polystichum* in Arten und Sorten**

⬆ 40–100 cm
Blätter: Grazil gebogene, meist wintergrüne Wedel, stumpfgrün, wintergrün, sehr dekorativ.
Wuchsform: Breite Horste, trichterfömig.
Standort: Nährstoffreiche, frische Böden, guter Wasserabzug, luftfeucht.
Gute Partner: Anemone, Mandelblättrige Wolfsmilch, Nieswurz, Silberkerze.
Bemerkungen: Schildfarne bereichern die Gärten im Winter mit frischem Grün. Viele Frühlingsblüher freuen sich über den Schutz dieser Farne und bekommen einen schönen Hintergrund. Die Wedel des Glanzschildfarns *(P. aculeatum)* wachsen elegant gebogen und halten ihr glänzendes Grün bis weit in das nächste Frühjahr, sie werden 40–70 cm hoch. Der Borstige Schildfarn *(P. setiferum)* wird bis zu 1 m hoch und bildet locker überhängende Trichter mit einem Durchmesser von bis zu 1,2 m. Von ihm gibt es sehr viele Sorten, z. B. 'Proliferum' mit dunkelgrünen, filigran gefiederten, wintergrünen Wedeln (Höhe: 70 cm) und 'Proliferum Dahlem' (Höhe: 40 cm) mit flachen Trichtern und leuchtend grünen Wedeln im Jugendstadium.

Borstiger Schildfarn

Verwilderter Schneestolz

Zwiebelblumen für schattige Plätze

Zwiebelblumen spielen vor allem in der ersten Jahreshälfte im Schatten eine große Rolle. Kleine Zwerge wie Blausternchen *(Scilla)* und Schneeglöckchen *(Galanthus)* nutzen die Zeit vor dem Blattaustrieb, um ihre Blütenschönheit zu entfalten. Schon vor dem Sommeranfang haben sie sich dann wieder ins Erdreich zurückgezogen. Die Zwiebel dient als Nährstoffspeicher, der im Winter, wenn der Blütenaustrieb beginnt, ausreichend Reserven zum Wachstum von Blüten und Blättern bereithält.

Schneestolz
Chionodoxa luciliae

✿ 3–4 ⬆ 10–20 cm
Blüten: Blau, sternförmig, meist mit weißem Auge, in lockeren Trauben.
Blätter: Grasgrün, linealisch.
Wuchsform: Breitet sich flächig aus.
Standort: Sommertrockene, nährstoffreiche Böden unter lichten Gehölzen.
Gute Partner: Alpenveilchen, Winterling, Gewöhnlicher Tüpfelfarn.
Bemerkungen: Verbreitung durch Selbstaussaat. *C. luciliae* (Schneestolz) hat pro Blütenstand bis zu 12 himmelblaue, nickende Blütensterne mit weißem Grund. Höhe bis 15 cm. *C. luciliae* 'Gigantea' ist in Blatt und Blüte größer als die Art. Die Sorte 'Alba' blüht mit reinweißen, aufrechten Blüten. Höhe 10 cm.

Vorfrühlings-Alpenveilchen

Elfenkrokus
Crocus tommasinianus

✿ 2–3 ⬆ 8–12 cm
Blüten: Trichterförmig, hellviolett.
Blätter: Fein, grasartig.
Wuchsform: Bildet durch Selbstaussaat allmählich größere Kolonien.
Standort: Frische bis mäßig trockene Gartenböden.
Gute Partner: Alpenveilchen, Schneeglöckchen, Winterling.
Bemerkungen: Ideal zum Verwildern unter Solitärgehölzen, z. B. Magnolien, Fächerahorn.

Alpenveilchen
***Cyclamen* in Arten**

✿ 2–4 / 7–11 ⬆ 5–10 cm
Blüten: Rosa, weiß, karminrot, typische Alpenveilchenblüte.
Blätter: Herzförmig, rund oder nierenförmig, oft mit weißlichgrauer Zeichnung.
Wuchsform: Treibt aus flacher, mit zunehmendem Alter größer werdender Knolle. Bildet Kolonien durch Aussaat.

Hundszahn

Standort: Kalkhaltige, durchlässige, sommertrockene Böden.
Gute Partner: Krokus-Arten, Schneeglöckchen.
Bemerkungen: Das Vorfrühlings-Alpenveilchen *(C. coum)* blüht von Februar bis April, das Sommer-Alpenveilchen *(C. purpurascens)* von Juli bis August und das Herbst-Alpenveilchen *(C. hederifolium)* mit wintergrünen, efeuähnlichen Blättern von August bis November.

Hundszahn, Forellenlilie
***Erythronium* in Arten**

✿ 3–5 ⬆ 15–40 cm
Blüten: Weiß, gelb, rosa bis dunkelrosa, grazil hängend, ähnlich wie Türkenbundlilien.
Blätter: Grün, z.T. mit marmorierter Zeichnung, breit lanzettlich.
Wuchsform: Horstartig.

Standort: Humose, lockere Böden.
Gute Partner: Akelei, Primeln, Schneeglöckchen.
Bemerkungen: *E. dens-canis* (Gewöhnlicher Hundszahn) mit blaugrünen, dunkel gefleckten Blättern und zartrosa Blüten, verwildert gern (Höhe 15–20 cm, Blüte März bis April). ‘Pagoda’ ist die beste Sorte von *E. tuolumnense,* mit schwefelgelben Blüten und bronzefarben gezeichnetem Laub (Höhe 30–40 cm, Blüte April bis Mai).

Schachbrettblume
Fritillaria meleagris

✿ 3–6 ⬆ 20–30 cm
Blüten: Glockenförmig, purpur- bis rosafarbenes und weißes Schachbrettmuster.
Blätter: Grasartig, graugrün.

Schachbrettblume

Wuchsform: Eintriebig, Ausbreitung durch Brutzwiebeln.
Standort: Humose, nährstoffreiche Böden.
Gute Partner: Frühlings-Knotenblume, Riesensegge, Wurmfarn.
Bemerkungen: Auch die folgenden Arten gedeihen im lichten Schatten bis Schatten gut. *F. camschatcensis* wächst eintriebig aufrecht und blüht dunkelviolett von Mai bis Juni. Höhe 15–35 cm. Die Blüten der Glockenlilie *(F. michailovskyi)* sind glockenförmig, außen purpurbraun und innen gelb und erscheinen im April. Höhe 15 cm. Die langen, bleichgelben Glöckchen von *F. pallidiflora* erscheinen zur gleichen Zeit, Höhe 30–40 cm.

Schneeglöckchen
Galanthus nivalis

✿ 2–4 ⬆ 10–15 cm
Blüten: Weiß, grünes Saftmal, glockenförmig, duftend.
Blätter: Dunkelgrün, schmal lineal.
Wuchsform: Locker horstig, breitet sich flächig aus.
Standort: Frische bis feuchte, humusreiche Böden.
Gute Partner: Leberblümchen, Elfenkrokus, Vorfrühlings-Alpenveilchen, Winterling, Vorfrühlings-Rhododendron.

Atlantisches Hasenglöckchen

Bemerkungen: Die Samen werden durch Ameisen verbreitet. *G. elwesii* (Großblütiges Schneeglöckchen) ist in Blatt und Blüte größer und deshalb auffälliger als *G. nivalis.* Es blüht schon ab Januar. Höhe 15–20 cm. Sehr reizvoll ist auch das Gefüllte Schneeglöckchen *(G. nivalis* ‘Flore Pleno’), das 10–15 cm hoch wird.

Spanisches Hasenglöckchen
Hyacinthoides hispanica

✿ 5–6 ⬆ 20–40 cm
Blüten: Mittel- bis violettblau, glockenförmig, in kegelförmigen Rispen.
Blätter: Grasgrün, breit lineal.
Wuchsform: Rosettenförmige Horste, bildet lockere Kolonien.
Standort: Humose, frische Böden.

Gute Partner: Lungenkraut, Waldmeister, Waldsteinie, Azaleen, Rhododendren.
Bemerkungen: *H. hispanica* hat eine Vielzahl von Sorten hervorgebracht, die sich vor allem durch die Blütenfarbe (auch rosa und weiß) unterscheiden. *H. non-scripta* (Atlantisches Hasenglöckchen) breitet sich mattenförmig aus und blüht im Mai mit hellblauen Glöckchen. Es ist im englischen Woodland-Garten als »Bluebell« sehr beliebt.

Frühlings-Knotenblume, Märzenbecher
Leucojum vernum

✿ 2–4 ⬆ 15–20 cm
Blüten: Weiß mit gelbgrünen Flecken an den Spitzen, glockig, duftend, einzeln am Stiel.
Blätter: Frischgrün, riemenförmig.
Wuchsform: Bildet lockere Kolonien.
Standort: Frische, humose Böden.
Gute Partner: Funkie, Lenzrose, Nieswurz, Riesensegge, Waldfrauenfarn.
Bemerkung: Die Sommer-Knotenblume *(L. aestivum)* blüht von Mai bis Juni. Sie trägt an den bis zu 60 cm hohen Trieben mehrere Blüten.

Frühlings-Knotenblume

Sibirischer Blaustern
Scilla siberica

✿ 3–4 ⬆ 10–15 cm
Blüten: Azurblau, sternförmig, in Trauben.
Blätter: Grasgrün, breit linealisch.
Wuchsform: Teppichbildend.
Standort: Frische, humose Böden.
Gute Partner: Elfenblume, Schaumblüte, Schattensegge, Frühlings-Knotenblume, Wurmfarn.
Bemerkungen: Sät sich selbst aus. Etwas kleiner in allen Teilen, aber früher in der Blüte ist das heimische Blausternchen *(S. bifolia)*.

Dreiblatt *(Trillium erectum)*

Dreiblatt, Waldlilie
Trillium in Arten

✿ 4–5 ⬆ 20–400 cm
Blüten: Dreiteilig, rosa, weiß oder weinrot, aufrecht bis nickend.
Blätter: Dreiteilig, Hochblätter unterhalb der Blüte, ganzrandig, z.T. gefleckt.
Wuchsform: Lockere Horste.
Standort: Humose Böden.
Gute Partner: Buschwindröschen, Funkie, Nieswurz, Schattensegge, Wurmfarn.
Bemerkungen: *T. erectum* trägt grünrote Blüten (Höhe: 30–40 cm). *T. grandiflorum* bildet auffällig reinweiße Blüten (Höhe: 20–40 cm). *T. sessile* macht mit marmoriertem Laub und burgunderroten Blüten auf sich aufmerksam.

Kanadischer Hartriegel als Bodendecker

Gehölze für schattige Plätze

Sträucher geben schattigen Partien im Garten eine Struktur. Wenn der Schatten durch Bauwerke und nicht durch einen Baumbestand begründet ist, sind sie unverzichtbare Partner für die krautige Bepflanzung. Die Immergrünen geben für helle Blüten eine schöne Kulisse, Blütensträucher fügen sich harmonisch in die Bepflanzung ein. Teilweise findet man auch robuste und pflegeleichte Bodendecker im Reich der Gehölze.

Kanadischer Hartriegel
Cornus canadensis

✿ 5–6 ⬆ 10–20 cm
Blüten: Grünlichrote Köpfchen, umgeben von vier weißen Hochblättern, bis 3 cm breit.
Blätter: Spitz-oval, tief gefurcht, frischgrün.
Wuchsform: Flach kriechend, bodendeckend.
Standort: Lockere, frische bis feuchte, schwach saure Böden.
Gute Partner: Purpurglöckchen, Bärenfellgras, Hirschzungenfarn, Zwerg-Azaleen.
Bemerkung: Ideal zur Unterpflanzung.

Efeu
Hedera helix

✿ 9–10 ⬆ Kletternd bis 800 cm, kriechend 10–20 cm.
Blüten: Kugelige, grüngelbe kompakte Dolden, erscheinen aber nur bei der Altersform (ab ca. 10 Jahren).
Frucht: Schwarze, glänzende Beeren.
Blätter: 3- oder 5-lappig, ledrig, immergrün, Altersform rundlich bis rautenförmig.
Wuchsform: Kriechend oder mit Haftwurzeln kletternd, wenn diese an rauen Oberflächen Halt finden.
Standort: Anspruchslos, bevorzugt frische, humose Böden.
Gute Partner: Storchschnabel, Immergrün, Waldmarbel, Buchsbaum, Eibe, Hortensie.
Bemerkungen: Panaschierte (gefleckte) Formen benötigen mehr Licht als grüne, 'Goldheart' weißgelbe Blattmitte, 'Woerner' stark wachsend, bis 150 cm pro Jahr.

Hortensie
***Hydrangea* in Arten**

✿ 6–10 ⬆ 100–300 cm
Blüten: Weiß, rosa, blau, flache bis kugelige Rispen mit zahlreichen Einzelblüten.

Blätter: Sommergrün, eiförmig, groß.
Wuchsform: Breitbuschig.
Standort: Frische bis feuchte, nährstoffreiche Böden.
Gute Partner: Funkien, Prachtspieren, Farne, Gräser.
Bemerkungen: Ballhortensie *(H. arborescens)*: weiße Blütenbälle, 6–9, 100–200 cm. Samt-Hortensie *(H. aspera* ssp. *sargentiana)*: behaartes Laub, große Blütenstaude, 7–9, bis 300 cm. Bauernhortensie *(H. macrophylla*-Hybriden): blaue, rosa weiße Blütenbälle oder -teller, 6–10, 100–150 cm, saure Böden und Aluminiumdünger fördern die Blaufärbung der Blüten.

Samt-Hortensie

Johanniskraut

Großblütiges Johanniskraut
Hypericum calycinum

✿ 7–9 ⬆ 20–30 cm
Blüten: Goldgelbe Schalen mit langen Staubgefäßen.
Blätter: Länglich eiförmig, dunkelgrün, wintergrün.
Wuchsform: Teppichbildender, wintergrüner Halbstrauch (= am Grund verholzend).
Standort: Mäßig trockene bis frische Böden.
Gute Partner: Spierstrauch *(Spiraea)*, Berberitze *(Berberis)*, Eibe, Storchschnabel.
Bemerkungen: Es eignen sich auch *H. patulum* 'Hidcote', Blütezeit Juli bis Oktober (Höhe 80–150 cm) und *H. androsaemum*, Blütezeit Juni bis August (Höhe 100 cm), für absonnige bis schattige Standorte.

Geißblatt, Heckenkirsche
Lonicera in Arten und Sorten

✿ 5–7 ⬆ 80–300 cm
Blüten: Weiß, gelb, rot, rosa, paarweise nebeneinander oder in Quirlen, Einzelblüten meist röhrig.
Früchte: Blaue, schwarze, rote, meist kugelige bis flach kugelige Beeren.
Blätter: Breit elliptisch, stumpfgrün, früh austreibend, obere Blattpaare am Grund verwachsen.
Wuchsform: Breit, aufrecht bis flach ausgebreitet oder kletternd.
Standort: Gartenböden.
Gute Partner: Dreimasterblume, Taubnessel, Tränendes Herz.

Feuer-Geißblatt

Ysander

Bemerkungen: Für den Schatten eignen sich Immergrünes *(L. henryi)* und Reichblütiges Geißblatt *(L. periclymenum)*. Beide wachsen an einer Rankhilfe 200–300 cm hoch. Die immergrüne Art trägt kleine gelbrote Blüten im Juni und Juli, später bilden sich schwarze Früchte. Das Reichblütige Geißblatt schmückt sich von Juni bis September mit gelbroten, duftenden Blüten. Die Früchte sind rot. Im Halbschatten gedeihen Rotes Geißblatt *(L. x brownii)* mit orangeroten Blüten von Juni bis September (Höhe 200–300 cm) und Feuer-Geißblatt *(L. x heckrottii)*, das von Juni bis Oktober gelbweiß und purpur gefärbte Blüten trägt (Höhe 300–500 cm).

Ysander
Pachysandra terminalis

✿ 4–5 ⬆ 20–30 cm
Blüten: Weiße, aufrechte Ähren.
Blätter: Grob gezähnt, rhombenförmig, ledrig, wintergrün.
Wuchsform: Mattenförmiger Halbstrauch, langsam wachsend, bildet Ausläufer.
Standort: Frische, humose, leicht saure Böden.
Gute Partner: Goldnessel, Polsterglockenblume, Wurmfarn, Buchsbaum, Hortensien, Rhododendron.
Bemerkung: Verjüngung der Matten durch radikalen Rückschnitt mit dem Rasentrimmer.

Rhododendron, Azalee
Rhododendron in Arten und Sorten

✿ 5–6, je nach Sorte
⬆ Je nach Sorte bei großblumigen Hybriden von 120–350 cm.
Blüten: Blüten in Tuffs bis 20 cm Durchmesser, viele Farbtöne.
Wuchsform: Buschig bis breit kugelig, meist kompakter Wuchs.
Standort: Lockere, humose, ausreichend feuchte, aber wasserdurchlässige, kalkarme Böden.
Gute Partner: Funkie, Etagenprimel, Pfauenradfarn, Eibe, Ysander.
Bemerkung: Verschiedene Arten und Sorten siehe Tabelle rechts.

Verschiedene Rhododendren in Blüte

Rhododendren und Azaleen				
Arten	**Höhe (cm)**	**Blüte**	**Wuchsform**	**Bemerkungen**
Großblumiger Rhododendron	150–200	Großblumig, je nach Sorte weiß, rosa, lila, gelb, rot, zum Teil auffällige Flecken in der Blüte, Blütezeit Mai bis Juni	breitbuschig, locker	Bewährte Sorten: 'Blattgold' (geflecktes Laub), 'Furnivall's Daughter' (hellrosa mit dunklem Fleck), 'Nova Zembla' (rubinrot)
Glocken-Rhododendron *(R. willamsianum)*	100–150	Rosa, rot, glockenförmige Blüten, Blütezeit Mai	breit aufrecht, dichtbelaubt	geschützter Standort
Zwerg-Rhododendron *(R. repens)*	40–60	Scharlachrot, Blütezeit im Mai	buschig, kleinbleibend	geschützter Standort, ideal für Teichufer
Ball-Rhododendron *(R. yakushimanum)*	100–150	Rosa, rot, gelb, weiß, Blüten von kräftiger Substanz, Blütezeit Mai bis Juni	kompakt, halbrund, dichtbelaubt	filzig behaarte Blätter, sonnentolerant, sehr blühwillig
Kissen-Rhododendron *(R. impeditum)*	20–40	Violettblau, zarte Blüten, Blütezeit April bis Mai	buschig, flach	ideal für kleine Gärten
Vorfrühlings-Rhododendron *(R. x praecox)*	100–150	Lilarosa, Blütezeit März bis April	locker aufrecht	Frühlingsbote, toll mit Winterheide und Schneeglöckchen
Großblumige Azalee *(R.-Sorten)*	100–150	Rosa, rot, orange, gelb, zum Teil duftend Blütezeit Mai bis Juni	locker aufrecht	laubabwerfend, leuchtende Blüten mit Fernwirkung
Japanische Azalee *(R.-Sorten)*	100–150	Rosa, rot, Weiß, orangerot, Blütezeit Mai bis Juni	kompakt	Diamant-Azaleen – kleinbleibende Sortengruppe, max. 1 m hoch

Rhododendron 'Mrs. Furnival'

Eibe
Taxus baccata

✿ 3–4 ⬆ 500–700 cm

Blüten: Männliche Blüte in kleinen gelben Köpfchen, weibliche Blüten unscheinbar.
Frucht: Beerenartig mit rotem fleischigem Mantel, der die grauen (sehr giftigen!) Samenkerne umschließt.
Blätter: Dunkelgrüne, glänzende Nadeln, immergrün, giftig.
Wuchsform: Buschig, locker verzweigt.
Standort: Anpassungsfähig, frische, nährstoffreiche Böden.
Gute Partner: Fingerhut, Herbstanemone, Silberkerze, Japansegge, Heckenkirsche.
Bemerkung: Wächst langsam, gut schnittverträglich.

Pflanzen und Pflegen

Sowohl eine gründliche Planung als auch eine gute Vorbereitung des Bodens garantieren den Erfolg mit Schattenpflanzungen. So stellt sich bald ein harmonisches Gleichgewicht zwischen den Pflanzen ein. Im Jahresverlauf reichen einige wenige Handgriffe aus, um die Beete zu pflegen.

Auf der Baumscheibe der Kiefer haben sich Herbstalpenveilchen ausgebreitet. Die Blütenfarben variieren von hell- bis dunkelrosa.

Nach dem Sammeln von Ideen und Anregungen steht die Situation im Garten im Vordergrund. Schließlich müssen die Gegebenheiten vor Ort und die Bedürfnisse der Pflanzen im Einklang stehen, damit die Bepflanzung ein voller Erfolg wird. Hinsichtlich der Lichtsituation und den Bodenverhältnissen macht man zunächst eine Bestandsaufnahme.

Die eigene Gartensituation einschätzen

Bevor man Papier und Stifte herausholt und zu Schubkarre und Spaten greift, sollte man die Situation im eigenen Garten genau unter die Lupe nehmen. Dabei gilt es vor allem, die Art des Schattens zu erkennen und den Boden gründlich zu untersuchen.

◀ Regelmäßiges Auslichten der Gehölze verbessert die Lichtsituation. Stauden werden im Herbst zurückgeschnitten.

Die Lichtsituation

Im ersten Kapitel wurden die verschiedenen Formen des Schattens vorgestellt (siehe Seite 8 ff.). Nun muss eine Analyse der eigenen Verhältnisse erfolgen, wobei auch die Jahres- und Tageszeiten berücksichtigt werden sollten. Die folgenden Aspekte sollten geklärt werden:

- Wird die Fläche von Gehölzen oder von Bauwerken schattiert?
- Stehen diese Gehölze auf dem eigenen Grundstück oder beim Nachbarn?
- Man sollte die Gehölze wenn möglich näher bestimmen. Sind sie etwa immergrün, schattieren sie also auch im Winter und Frühling?
- Wann treiben bei laubabwerfenden Gehölzen die Blätter aus?
- Wie groß ist in etwa der jährliche Zuwachs?
- Wie stellt sich die Lichtsituation im Verlauf des Jahres beziehungsweise Tages dar?

Verbesserung der Lichtsituation
Schattieren Gehölze die Fläche, so sollte man vor der Pflanzung einen Rückschnitt in Erwägung ziehen. Das hat zwei Gründe: Man kann zu diesem Zeitpunkt noch arbeiten, ohne größeren Schaden im Beet anzurichten. Es gelangt dann mehr Licht auf den Boden und die Jungpflanzen wachsen besser an. Allerdings sollte man zwischen Gehölzen unterscheiden, die Rückschnitt problemlos vertragen – wie die meisten Sträucher – und solchen, die durch einen Schnitt ihre markante Form verlieren, wie Hausbäume und langsam wachsende oder veredelte Gehölze. Außerdem trei-

Es ist sehr hilfreich, die schattierenden Gehölze genau zu bestimmen und sich über sie zu informieren, vor allem um ihre Blüte- und Fruchtzeit. Fallen im Frühsommer Blütenblätter herunter oder im Hochsommer Früchte, dann sollte man beispielsweise keine großblättrigen Stauden in die Nähe setzen. Bei Feuchtigkeit kleben diese Pflanzenreste fest und verunstalten beispielsweise den Blattschmuck von Funkien. Zwischen dem feinteiligem Laub von Gräsern oder Astilben hingegen fallen die Blütenblätter leicht hindurch.

ben nicht alle Gehölze nach einem Rückschnitt wieder aus, problematisch sind beispielsweise Koniferen.
Einen radikalen Rückschnitt vertragen nur wenige Gehölze schadlos. Natürlich bilden sich aus dem Wurzelkörper meist rasch wieder Seitentriebe. Doch diese müssen erzogen werden. Wenn aus einer Haselnusswurzel statt zwei bis drei stattlicher Triebe nun zehnmal so viele austreiben, bleibt ein Erfolg rasch auf der Strecke, denn auch die bleistiftstarken Zweige werden wachsen und haben ein enges Dickicht zur Folge.

Sinnvoller ist in der Regel ein **Auslichtungsschnitt**. Mehrtriebige Gehölze kann man von der Basis her zurückschneiden. Am besten beginnt man damit, alte und vergreiste Triebe am Grund bzw. der Ansatzstelle herauszunehmen. So wird der Rückschnitt zugleich zur Verjüngungskur. Bei Stammbildnern (Bäumen) lichtet man entsprechend die Kronen aus. Dazu werden die Haupttriebe auf eine Verzweigung zurückgeschnitten. Der Seitenast übernimmt so ihre Funktion und wird gestärkt. Anfangs sehen geschnittene Gehölze zwar sehr transparent aus, doch mit dem Laubaustrieb wachsen neue Verzweigungen heran, und die Silhouette schließt sich rasch wieder.

Gesetzliche Bestimmungen zum Schneiden von Gehölzen
Bevor Sie zu Säge und Leiter greifen, sollten Sie zwei rechtliche Grundlagen beachten. Im Grenzbereich des Gartens kann das **Nachbarschaftsrecht** greifen. Um Ärger zu vermeiden, bespricht man das Vorhaben mit dem Nachbarn und bittet um sein Einverständnis. Argumente wie »weniger Herbstlaub« und »tolle Blüten« wirken mitunter positiv. Das Nachbarschaftsgesetz ist auf Landesebene geregelt.

In der **Baumschutzverordnung** (zu beziehen über die städtischen Grünflächenämter) finden Sie alle Informationen, wann und wie stark man schneiden darf. Dies hat in erster Linie ökologische Gründe, denn mit dem Rückschnitt kann man vor allem den Singvögeln ihren Lebensraum nehmen.

Gebäudeschatten mildern
Werfen Gebäude Schatten auf die Beete, so kann man die Situation nur indirekt verbessern. Farben helfen dabei eine ganze Menge. Greifen Sie also zu Pinsel und Farbeimer und strei-

Rhododendren gedeihen im Schatten hoher Bäume gut. Wenn man einzelne Äste entfernt, kommt mehr Licht ins Unterholz.

chen Sie die Wand in einem hellen Ton, der mit der Architektur und dem Farbkonzept der Gestaltung harmoniert. Nur ein 50 Zentimeter hoher Sockel wird in einem dunkleren Ton gestrichen, damit Spritzwasser die Wand nicht gleich schmuddelig aussehen lässt. Als Alternative bedeckt man anstelle einer Bepflanzung einen ungefähr 30 Zentimeter breiten Streifen vor der Wand mit grobem Kies.

Die Bodensituation

Der Boden kann mit verschiedenen Mitteln untersucht werden. Zum einen kann man einen professionellen Test in einem Untersuchungslabor machen lassen; dort werden vor allem die Nährstoffzusammensetzung und der pH-Wert (Härtegrad) bestimmt. Adressen hierzu finden Sie im Anhang. Daneben bietet der Fachhandel Testsets an, die man ohne großen Aufwand selber durchführen kann. Wichtig ist, dass man die Proben entsprechend den Vorschriften entnimmt.

Einfach, aber aussagefähig: die Fingerprobe

Gleichzeitig geben zwei klassische Gärtnertests Aufschluss über die Bodenverhältnisse: die Fingerprobe und das Studium der spontanen Vegetation. Für den erstgenannten Test sticht man mit dem Spaten in den Boden und entnimmt mit einer Pflanzschaufel etwas Erde. Dabei kann man schon aus ersten Beobachtungen Schlüsse ziehen: Ist die Erde dunkel, deutet dies auf einen hohen Humusanteil hin. Eine helle Färbung spricht für einen hohen Anteil an Sand oder Lehm. Sind viele Steine im Boden, wird man das Knirschen beim Graben rasch spüren.
Für die eigentliche Fingerprobe nimmt man aus dem Aushub etwas Erde zwischen die Finger und versucht sie zu formen.

- Kann man kleine, feste Kügelchen kneten, so spricht dieses für einen hohen Anteil an **Ton**. Dies bedeutet, dass der Boden schnell verdichtet und Wasser schlecht abfließt.
- Zerfallen die geformten Kügelchen leicht und hinterlassen in den Fingerrillen einen mehligen Belag, so handelt es sich um einen **schluffigen Boden**.
- Lässt sich der Boden gar nicht formen, enthält er viel **Sand**.

Verbesserung der Bodensituation

Die Art der Bodenverbesserung hängt von der vorhandenen Situation ab. Grundsätzlich ist das Ziel zu verfolgen, die Luft- und Wasserführung des Bodens in ein harmonisches Verhältnis zu bringen und Extreme zu vermeiden. Ein **toniger, dichter Boden** enthält viele Bodenbestandteile mit einer sehr feinen Körnung. Durch die Beimischung von gröberen Bestandteilen wird diese Situation verbessert. In der Praxis mischt man bei der Bodenbearbeitung Quarzsand unter.

Reife Komposterde verbessert nicht nur die Nährstoffsituation im Boden, sondern reichert ihn auch mit wertvollem Humus an. So wird der Luft- und Wasserhaushalt ausgeglichen und das Bodenleben angeregt.

Sandige Böden haben zu wenig feine Bestandteile. Daher kann sich Wasser in den Poren nicht halten. Der Umkehrschluss, in diesem Fall Lehm unter den Sand zu arbeiten, ist wenig praktikabel. Hier greift man zu Humus, dem Allroundtalent der Bodenverbesserung. Die enthaltenen Pflanzenfasern sind optimale Wasserspeicher. Zugleich wird das Bodenleben aktiviert. Daher ist **Humus** auch für lehmige und schluffige Böden empfehlenswert, insbesondere im Schatten. Schattenpflanzen, deren Heimat Laubwälder sind, gedeihen auf Böden mit hohem Humusgehalt am besten.

Vor der Pflanzung von Christrosen sollte man den Boden mit Kalk anreichern, zum Beispiel mit ein paar Schaufeln Bauschutt. Lenzrosen und Nieswurz gedeihen auch in neutralen bis schwach sauren Böden gut.

Der pH-Wert
Eine bedeutende Rolle spielt im Schatten der pH-Wert. So bevorzugen beispielsweise Rhododendren und Moorbeetpflanzen einen sauren Boden mit einem pH-Wert unter 7. Um dies zu erreichen, muss man den Boden mit Humus verwöhnen, darf aber keinen Kalk hinzugeben.
Für typische Pflanzen aus Buchenmischwäldern, wie Lerchensporn *(Corydalis)* und Leberblümchen *(Hepatica)*, ist dagegen ein basischer pH-Wert über 7 optimal. Hier reichert man den Humus mit Kalk an.

Bodenvorbereitung zur Pflanzung

Vor der Pflanzung sollte der Boden gut gelockert werden. Hierzu gräbt man ihn spatentief um und achtet darauf, dabei keine Wurzeln von Bäumen zu beschädigen. Gleichzeitig können Zuschlagstoffe wie Sand und Splitt beziehungsweise Humus eingearbeitet werden. Ideal ist es, wenn man anschließend den Boden ruhen lässt, damit sich das Bodengefüge erholen und sich die Erde setzen kann.

Bei einer Frühjahrspflanzung ist es effektiv, die Düngung mit der Bodenvorbereitung zu verknüpfen, da die Pflanzen so einen guten Start haben: Viel Licht und ausreichend Nährstoffe für rasches Anwachsen.

Giersch und andere Gärtnerplagen

Unkraut gehört zu den unliebsamen Gartenpflanzen, ganz gleich ob im Schatten oder in der Sonne. Bei der Bodenvorbereitung sollten auch Wurzelunkräuter entfernt werden. Dies ist zwar, das sollte nicht verschwiegen werden, eine sehr mühsame Arbeit, doch die Mühe lohnt sich, wenn man konsequent vorgeht. Im Schatten macht sich mit besonderer Vorliebe der Giersch breit. Ihm scheint kein Eckchen zu dunkel, um es nicht doch zu erobern. Daher muss man bei diesem Wurzelunkraut besonders sorgsam sein. Alle Wurzelknöllchen und unterirdischen Ausläufer müssen gründlich entfernt werden. Eine stark »befallene« Fläche sollte man nach der ersten Bodenbearbeitung ein paar Wochen brach liegen lassen. So treiben die Reste aus, die man übersehen hat, und man kann sie leicht noch vor der Pflanzung entfernen.

Giersch muss sorgfältig mit einer Grabegabel ausgegraben werden, denn auch winzige Wurzelstücke treiben wieder aus.

Humus – Unverzichtbarer Helfer im Schatten

Humus besteht in erster Linie aus abgestorbener pflanzlicher Substanz, aber auch aus abgestorbenen Tierresten. Er unterliegt einer ständigen Umsetzung durch Mikroorganismen und Kleinstlebewesen. So entstehen die hervorragenden Eigenschaften, die das Pflanzenwachstum fördern: eine lockere Struktur, eine hohe Bodentemperatur und ein hoher, ausgewogener Nährstoffgehalt. Im Garten hat Humus einen hohen Stellenwert, weil er als besonders fruchtbar gilt. Schatten ohne Humus ist sogar nur schwer vorstellbar, denn unter Bäumen wird der Boden grundsätzlich von einer Decke aus Laub- oder Nadelstreu bedeckt, der für die Pflanzen im Unterholz unverzichtbarer Standortfaktor geworden ist.

Natürlich ist es am einfachsten, heruntergefallenes Blattwerk im Herbst auf den Beeten liegen zu lassen. Weiterhin kann man mit Hilfe von Komposterde, Rindenkompost und anderen Pflanzenresten wie Reisspelzen und Kokosfasern den Humusgehalt des Bodens verbessern. Für die Umsetzung sind Stickstoff und Kalk von Bedeutung, daher sollte man bei der Ausbringung kalk- und stickstoffbetonte Dünger, z. B. Hornspäne, verwenden. Nur so kommen die Umsetzungsprozesse in Gang, und die Nährstoffe werden nicht den Pflanzen entzogen.

Durchwurzelter Boden – So gelingt der Start

Unter flach wurzelnden Gehölzen, wie beispielsweise Birken *(Betula)* und Kiefern *(Pinus)*, und unter großen, alten Bäumen ist es schwierig, die Baumscheibe, also den Bereich über dem Wurzelkörper, erfolgreich mit krautigen Pflanzen zu besiedeln. Nur wenig Regenwasser gelangt auf den Boden, und meist unterliegen die zarten, schwach bewurzelten Jungpflanzen den alten, weitverzweigten Baumwurzeln im Kampf um Wasser und Nährstoffe. Daher sollte man vor der Bepflanzung eine etwa fünfzehn bis zwanzig Zentimeter hohe Schicht Gartenboden auffüllen. In dem lockeren Material verzweigen die Wurzeln von Bodendeckern und Stauden leicht.

Verdichtungen hemmen das Wachstum

Alle Böden sind empfindlich gegenüber Verdichtungen, die bei den Vorbereitungen, dem Pflanzen und der Pflege leicht entstehen, weil man ins Beet tritt. Da der Boden im Schatten meist viel Wasser enthält, wirken sich

Man kann Flächen, auf denen ausschließlich Giersch *(Aegopodium podagraria)* wächst, auch mit einer schwarzen Mulchfolie vollständig abdecken. So treiben die Wurzelreste, bekommen aber kein Licht, und die Pflanzen sterben ab. Voraussetzung ist allerdings Geduld, die man aufbringen muss, denn das vollständige Austreiben dauert ca. vier Wochen.

die Verdichtungen nachhaltig besonders negativ auf das Bodengefüge aus. Um dies hier zu vermeiden, sollte man frühzeitig **Trittsteine** oder **Platten** in der Planung berücksichtigen. Holzscheiben sieht man häufig in Waldgärten, sie werden allerdings bei anhaltender Nässe leicht glatt. Damit man nicht ausrutscht, kann man auf der Oberfläche Hasendraht spannen. Die Trittsteine werden meist schnell vom Blattwerk der Stauden eingerahmt, sodass sie sich harmonisch in das Gesamtbild einfügen.

Eine naturnahe Pflanzung bringt Vielfalt in den Garten. Größere Pflanzabstände ermöglichen, dass sich die Pflanzen entfalten können. Die Lücken schließen sich rasch.

Trittsteine erleichtern die Pflege der Pflanzen in großen Beeten und verhindern, dass man die lockere Bodenstruktur verdichtet.

Pflanzeneinkauf

Achten Sie beim Einkauf auf gesunde Pflanzen und eine gute Qualität. Diese erkennt man an kräftigen Trieben und einem gut durchwurzelten Ballen. Blüten sind dagegen nicht immer ein Qualitätsmerkmal. Bei einem gut gewachsenen Exemplar sitzen natürlich zur Blütezeit auch Knospen an den Trieben. Ist der Zeitpunkt der Blüte nicht typisch für die Pflanze, die ohnehin einen eher kümmerlichen Eindruck macht, so sollte man besser nicht zugreifen. Diese sogenannte Notblüte schwächt die Pflanze zusätzlich. Zur Unterscheidung sollte man die Töpfe etikettieren lassen, wenn nicht ohnehin ein Etikett im Ballen steckt.

Pflanzdichte

Entscheidend für den Erfolg einer Pflanzung sind die richtigen Pflanzabstände. Am Anfang sieht ein frisch bepflanztes Beet zwar eher kahl aus, aber mit dem Einsetzen des Wachstums wird die Pflanzendecke immer dichter. Setzt man mit zu gerin-

Pflanzdichte für die wichtigsten Schattenpflanzen

Pflanzdichte	**Schattenpflanze Deutscher Name (Botanischer Name)**
1–3 Pflanzen pro m²	Geißbart *(Aruncus dioicus)*
	Frauenfarn *(Athyrium*-Arten)
	Riesensegge *(Carex pendula)*
	Silberkerze *(Cimicifuga dahurica)*
	Lanzen-Silberkerze *(Cimicifuga racemosa* var. *cordifolia)*
	Duftende Silberkerze *(Cimicifuga ramosa)*
	Tränendes Herz *(Dicentra spectabilis)*
	Funkie *(Hosta*, großblättrige Arten)
	Trichterfarn *(Matteuccia struthiopteris)*
	Königsfarn *(Osmunda regalis)*
	Schaublatt *(Rodgersia*-Arten)
	Wiesenraute *(Thalictrum delavayi)*
5–7 Pflanzen pro m²	Eisenhut *(Aconitum*-Arten)
	Frauenmantel *(Alchemilla mollis)*
	Herbstanemone *(Anemone hupehensis, A. japonica)*
	Astilbe *(Astilbe*-Arendsii-Hybriden)
	Astilbe *(Astilbe*-Thunbergii-Hybriden)
	Bergenie *(Bergenia*-Hybriden)
	Kaukasus-Vergissmeinnicht *(Brunnera macrophylla)*
	Japansegge *(Carex morrowii)*
	Oktober-Silberkerze *(Cimicifuga simplex)*
	Wurmfarn *(Dryopteris*-Arten)
	Nieswurz *(Helleborus*-Arten)
	Funkie *(Hosta*, mittelgroße Arten)
	Scheinmohn *(Meconopsis betonicifolia)*
	Schildfarn *(Polystichum*-Arten)
	Dreimasterblume *(Tradescantia*-Andersoniana-Hybriden)
9–12 Pflanzen pro m²	Pfauenrad-Farn *(Adiantum pedatum)*
	Zwerg-Astilbe *(Astilbe chinensis* var. *pumila)*
	Astilbe *(Astilbe*-Japonica-Hybriden)
	Astilbe *(Astilbe*-Simplicifolia-Hybriden)
	Sterndolde *(Astrantia major)*
	Funkie *(Hosta*, kleinblättrige Arten)
	Zimtfarn *(Osmunda cinnamomea)*
	Ysander *(Pachysandra terminalis)*
	Hirschzungenfarn *(Phyllitis scolopendrium)*
	Primeln *(Primula*-Arten)
	Lungenkraut *(Pulmonaria*-Arten)
	Porzellanblümchen *(Saxifraga umbrosa)*
	Beinwell *(Symphytum grandiflorum)*
	Großes Immergrün *(Vinca major)*
13–16 Pflanzen pro m²	Akelei *(Aquilegia*-Arten)
	Haselwurz *(Asarum europaeum)*
	Zwergherzblume *(Dicentra eximia)*
	Elfenblume *(Epimedium*-Arten)
	Waldmeister *(Galium odoratum)*
	Funkie *(Hosta*, kleinblättrige Arten)
	Goldnessel *(Lamiastrum galeobdolon)*
	Gedenkemein *(Omphalodes verna)*
	Perlfarn *(Onoclea sensibilis)*
	Salomonssiegel *(Polygonatum*-Arten)
	Schaumblüte *(Tiarella*-Arten)
	Dreiblatt *(Trillium*-Arten)
	Kleines Immergrün *(Vinca minor)*
	Waldsteinie *(Waldsteinia*-Arten)
20–25 Pflanzen pro m²	Buschwindröschen *(Anemone nemorosa)*
	Maiglöckchen *(Convallaria majalis)*
	Lerchensporn *(Corydalis*-Arten)
	Herzblume *(Dicentra formosa)*
	Leberblümchen *(Hepatica*-Arten)

gen Abständen, bedrängen sich die benachbarten Pflanzen bald, und man muss durch Teilung und Auslichten eingreifen. Diese Arbeit lässt sich vermeiden, wenn man Erfahrungswerte zur Pflanzdichte berücksichtigt. Anhaltspunkte zur Pflanzdichte bietet die Wuchsform.

- Ausläufertreibenden Pflanzen breiten sich rasch aus, ebenso Polsterpflanzen.
- Weniger Platz benötigen horstig wachsende Pflanzen.
- Eintriebige Pflanzen wie der Fingerhut *(Digitalis)* und kleine Pflanzen benötigen nur wenig Platz.

Pflanzzeit

Containerpflanzen – ganz gleich ob Staude oder Strauch – werden angepriesen mit dem Hinweis, dass sie mit Ausnahme der Winterwochen mit Minusgraden jederzeit gepflanzt werden können. Soweit ist das richtig. Es wird jedoch nicht darüber gesprochen, ob der Erfolg und der Pflegeaufwand immer gleich sind. Gerade im Schatten und erst recht, wenn die Pflanzung in Konkurrenz zu Gehölzen steht, sollte man sich an klassische Pflanzzeiten Frühjahr und Herbst halten. Sie versprechen den größten Erfolg. Denn im Herbst und zeitigen Frühling sind Laubbäume und -sträucher in einer Ruhephase. Licht dringt an den Boden und ermöglicht einen idealen Start.

Welchen der beiden Zeitpunkte man wählt, sollte allerdings abgewogen werden. Im **Herbst** müssen auf jeden Fall frühlingsblühende Zwiebelblumen in die Erde. Es macht also Sinn, diese Arbeit mit der Stauden- und Gehölzpflanzung zu verknüpfen. In Gebieten, die frostgefährdet sind, sollte man die frische Pflanzung mit einer Decke aus Laub und Reisig schützen.

Bei starken Bodenverdichtungen empfiehlt es sich, die Winterwochen zunächst für die Lockerung zu nutzen, sodass man im **Frühjahr** die Stauden setzt und erst im darauffolgenden Herbst die Zwiebelblumen ergänzt.

Zu lange sollte man im Frühling mit der Pflanzung allerdings nicht warten. Sind die Pflanzen bereits ausgetrieben, hat man es mit sehr empfindlichen Geschöpfen zu tun, die jungen Sprosse und Blatttriebe sind häufig sehr brüchig und empfindlich.

Wer im Sommer pflanzt, sollte im ersten Jahr regelmäßig gießen, um das Einwachsen während der Vegetationszeit zu erleichtern.

Die Pflanzung – wie geht man vor

Ist der Boden gelockert und vorbereitet (siehe Seite 76 f.) und die Oberfläche mit dem Rechen glatt gezogen, geht es nach dem Pflanzeneinkauf an das Pflanzen. Hierfür sollten Sie die folgenden Utensilien zurecht legen:

- Wasserwanne zum gründlichen Wässern der Pflanzen vor der Pflanzung.
- Schere und Messer, um Töpfe aufzuschneiden und abknickte oder beschädigte Wurzeln und Triebe zu entfernen.

Eine verdichtete Fläche sollte vor der Bepflanzung umgegraben werden, um die Strukturen zu lockern. So können die Pflanzen gut einwurzeln.

- Langes Holzbrett, das zum Pflanzen auf das Beet gelegt wird. So vermeidet man, dass die Erde unnötig verdichtet wird.
- Pflanzschaufel beziehungsweise Spaten zum Graben von Pflanzlöchern.
- Harke zum Glätten der Bodenoberfläche nach der Pflanzung.
- Gießkanne oder Schlauch zum Bewässern der Neupflanzung.

Nun werden die Pflanzen vorbereitet. Zunächst, solange die Erdballen noch in Töpfen sind, werden sie einige Stunden in der Wanne gewässert. In regenreichen Zeiten kann man darauf allerdings verzichten, insbesondere wenn die Pflanzen aus dem Freiland kommen. Wurzelnackte Gehölze sollten 24 Stunden in eine Wasserwanne gelegt werden. Containerpflanzen werden anschließend ausgetopft. Sind die Wurzeln bereits kräftig aus den Löchern im Topf gewachsen, so sollte man diesen vorsichtig aufschneiden.
Mit den Händen reißt man stark eingewachsene Ballen auf und lockert sie. Sehr lange und beschädigte Wurzeln werden mit einem sauberen Schnitt gekürzt bzw. entfernt. Auch stark verbogene Wurzeln können entfernt werden, wenn die Schnittwunden nicht zu groß sind. So fördert man den Wachstumsprozess und die Neubildung von Wurzeln, mit denen die Pflanzen im Boden Halt finden und die Versorgung sicher gestellt wird. Im Herbst sollte man die oberirdischen Triebe stehen lassen. Es erleichtert die Arbeit, weil man die einzelnen Pflanzen auch noch erkennt, wenn sie in der Erde sind.
Die vorbereitete Pflanze legt man an die Pflanzstelle. So kann man vor dem Setzen Gestaltung und Abstände nochmals überprüfen. Anschließend wird gepflanzt.

Vorsicht Dickmaulrüssler!
Der Dickmaulrüssler legt seine Eier mit Vorliebe im Schatten in ein lockeres Substrat. Die kleinen weißen Larven ernähren sich dort von fleischigen Pflanzenwurzeln. Zum Ärger der Gärtner merkt man den Befall meist erst, wenn die Pflanze aus unerklärlichen Gründen welk wird. Deshalb sollte man bei neu gekauften Pflanzen in lockerem Substrat vorsichtig sein. Kontrollieren Sie den Wurzelballen gründlich auf die weißen Larven, die so groß sind wie ein Fingernagel. Vor allem bei lockeren Torfsubstraten ist die gründliche Kontrolle zu empfehlen.

Stauden pflanzen

Stauden können mit der Pflanzschaufel gesetzt werden. Man gräbt ein Loch, das so tief ist wie der Wurzelballen hoch. Den Boden des Pflanzlochs lockert man nun nochmals mit der Pflanzschaufel, um den Wurzeln das Anwachsen zu erleichtern. Nun die Pflanze hineinhalten und darauf achten, dass die Wurzeln locker nach unten hängen. Der Aushub wird eingefüllt und die Staude mit beiden Händen angedrückt. Anschließend sollte die Pflanze nicht tiefer oder höher sitzen als zuvor im Topf. Die Erde wird geglättet. Zum Abschluss der Arbeiten gründlich wässern. Innerhalb der nächsten 14 Tage sollten die freien Flächen mit Mulch abgedeckt werden, um den Boden feucht zu halten und das Aufkommen von Unkräutern zu verhindern.

Bodendecker pflanzen

Bodendecker sollten sehr regelmäßig in einem Verband gepflanzt werden. Hier ist es wichtig, dass man die Pflanzen, die

Der rotlaubige Günsel 'Mahagoni' breitet sich mit Ausläufern flächig aus. Ein Höhepunkt ist die Blüte im Mai und Juni.

zur Verfügung stehen, auf der Fläche zunächst nur auslegt und sie erst pflanzt, wenn sie gleichmäßig verteilt sind. So schließen sich die Pflanzendecken und es bleiben keine Lücken. Bodendecker bringen den Vorteil mit, dass sie sich durch Ausläufer von selbst ausbreiten. Gegen das Überwachsen von Rasenflächen, Wegen und Nachbarbeeten hilft eine Rasenkante.

Zwiebeln können bis Oktober gepflanzt werden, allerdings müssen sie unbedingt kühl, trocken und dunkel gelagert werden. Licht würde den vorzeitigen Austrieb fördern und das Anwachsen erschweren. Deshalb ist ein früher Pflanztermin vorteilhaft.

Zwiebelblumen pflanzen

Im September werden die frühlingsblühenden Zwiebelblumen im Schatten gepflanzt. Bei der Neupflanzung sind die Pflanzstellen durch den Pflanzplan festgelegt. In einer älteren Pflanzung sollte man sich Lücken oder mögliche Standorte mit einer Markierung im Frühling kennzeichnen. Die Zwiebeln werden mit der flachen Seite nach unten in die Erde gelegt. Für die **Pflanztiefe** gibt es eine allgemein gültige Faustformel: Die Pflanztiefe entspricht der doppelten bis dreifachen Höhe der Zwiebel. Unter dem Zwiebelboden darf kein Luftloch bleiben, sonst kann sich Fäulnis breit machen. Anschließend füllt man die Erde darüber. Herbstzeitlose *(Colchicum)* gehören zu den herbstblühenden Zwiebelblumen. Sie werden im Hochsommer, etwa ab August, angeboten und dann direkt gepflanzt, wie bei den Frühlingsblühern beschrieben. Bereits wenige Wochen später ragen die zarten Blütenkelche aus dem Boden.

Zwiebeln vor Wühlmäusen schützen

Hasenglöckchen *(Hyacinthoides non-scripta)* haben fleischige Zwiebeln, die bei Wühlmäusen sehr beliebt sind. Da gerade auf größeren Flächen ein Schutz durch Maschendraht schwierig ist und auch der Trick, giftige Narzissen dazu zu setzen, fehl schlagen kann, sind Alternativen gefragt. Legen Sie die Zwiebeln im Herbst in Tontöpfe und stellen Sie diese an einen belebten Standort, beispielsweise in Hausnähe – dieser wird von Wühlmäusen gemieden. Auch ein Schutz mit engmaschigem Draht im Boden des Topfes und an der Oberfläche hilft vorbeugend. Erst wenn die »Bluebells« treiben, werden die Töpfe in den Schatten gestellt oder in der Pflanzung versenkt.

Zwiebelblumen beim Verwildern helfen

Blausternchen *(Scilla)* und Elfenkrokus *(Crocus tommasinianus)* sehen wie viele andere Frühlingsblüher am schönsten aus, wenn sie verwildert sind. Das gibt der Gestaltung eine natürliche Ausstrahlung und Charme. Damit sich dieses Ziel recht bald einstellt, sollte man schon beim Pflanzen den ersten Schritt machen. Geizen Sie also nicht mit Zwiebeln. Eine größere Fläche kann durchaus 100 bis 200 Zwiebelchen »schlucken«. Die Zwiebeln wirft man einfach

auf die Fläche und pflanzt sie dann so, wie sie gefallen sind. So entsteht eine natürlich wirkende Zufälligkeit in der Verteilung.
Im Frühjahr nach der Blüte sollte man dann auf jeden Fall die Fruchtstände reifen lassen. Ein gesundes Bodenleben mit vielen Ameisen und anderen flinken Helfern ist als Verbreitungshilfe gefragt.
In den ersten Jahren ist es empfehlenswert, im Herbst nachzupflanzen. Haben sich dann kleine Tuffs gebildet, kann man diese nach der Blüte aufnehmen, sie teilen und die Zwiebeln wieder setzen. Meist stellt sich dann schon nach wenigen Jahren ein zufriedenstellender Erfolg ein.
Zum Verwildern eignen sich neben den genannten Arten auch Schneeglöckchen *(Galanthus nivalis)*, Strahlenanemonen *(Anemone blanda)*, Winterlinge *(Eranthis hyemalis)*, Schachbrettblume *(Fritillaria meleagris)* und Alpenveilchen *(Cyclamen*-Arten).

Schneeglöckchen und Elfenkrokus eignen sich zum Verwildern. Sie breiten sich unter anderem durch die Hilfe von Ameisen aus, die die Samenkörner verschleppen.

Gehölze pflanzen

Im Schatten sollte man Gehölze mit einem festen Wurzelballen pflanzen. Dabei unterscheidet man zwischen **Containerpflanzen** und **Ballenware**. Letztere hat einen großen, aber kompakten Wurzelballen, der mit einem Ballentuch eingeschlagen ist.
Für die Pflanzung muss ein ausreichend großes Loch gegraben werden, dessen Boden gut gelockert wird. Bei tiefgründiger Verdichtung mischt man reife Komposterde unter, um eine Verbesserung der Strukturen zu fördern. Anschließend füllt man Wasser in das Pflanzloch und lässt es versickern. Der Ballen wird so in die Erde gesetzt, dass er so hoch wie zuvor im Container beziehungsweise in der Baumschule auf dem Feld steht. Bei größeren Exemplaren prüft man die richtige Höhe am besten mit einer Latte. Diese wird quer über das Pflanzloch gelegt. An der Stammbasis sieht man nun, ob noch tiefer gegraben oder der Ballen schon unterfüttert werden muss.

Die Pflanzhöhe von Ballenware lässt sich leicht am Stamm erkennen. Wo das Holz in der Erde war, ist die Rinde braun, darüber ist sie durch Algen und Moose von einem grünlichen Schimmer überzogen.

Am Stamm wird das Ballentuch beziehungsweise der Draht, der es hält, geöffnet. Es bleibt aber um den Wurzelballen und verrottet.

Bei Ballenware wird das Tuch zum Pflanzen nicht entfernt, man öffnet es lediglich am Wurzelhals. Es besteht aus verrottbaren Fasern und zersetzt sich im Laufe der ersten Jahre. Anschließend wird der Aushub aufgefüllt und immer wieder mit dem Fuß angetreten. Dabei sollte die Erde nicht zu sehr verdichtet, sondern in erster Linie Luftlöcher geschlossen werden.

Normale Rhododendronerde eignet sich auch zur Bodenverbesserung für Moorbeetpflanzen und andere Schattenpflanzen, die einen sauren pH-Wert bevorzugen.

Abschließend formt man den sogenannten Gießrand, der dafür sorgt, dass bei der Bewässerung das Wasser tatsächlich nach unten an den Wurzelkörper gelangt und nicht seitlich abfließt.

Besonderheiten bei Rhododendren

Als Blütengehölz, das Schatten verträgt, ist der Rhododendron sehr beliebt. Zugleich hat diese Gattung mit ihren bunt blühenden Arten und Sorten einen hohen Zierwert. Allerdings benötigt dieses Gehölz einen niedrigen pH-Wert, also sauren, kalkfreien Boden. Daher kann es notwendig werden, dass man nicht nur ein Pflanzloch aushebt, sondern die Erde großflächig durch ein auf die Bedürfnisse abgestimmtes Substrat austauscht. Es wird im Fachhandel als »Rhododendron-« oder »Moorbeeterde« angeboten. Wichtig ist es, den Zuwachs der Wurzeln nicht zu knapp zu berechnen. Stoßen die jungen Wurzeln an die Grenzen der ausgetauschten Erde, wird die Nährstoffaufnahme durch den veränderten pH-Wert eingeschränkt und der Rhododendron geschwächt, was er später durch frühzeitiges Vergreisen und Kümmern zeigt.

INKARHO® ist der Markenname für neuere Züchtungen von klassischen Rhododendren. Das Besondere besteht darin, dass diese Sträucher auch auf neutralen Böden mit einem pH-Wert zwischen 6 bis 7 gut gedeihen und sich auch auf sauren Böden vitaler zeigen. Es handelt sich dabei nicht um neue Sorten, sondern vielmehr um eine neue Unterlage, auf die bewährte Sorten veredelt werden. Auf lehmigen Böden ist auch bei den INKARHO®- Sorten eine Bodenverbesserung mit einem speziellen Substrat notwendig.

Vor den Rhododendronbüschen blüht die Schaumblüte und macht ihrem volkstümlichen Namen damit alle Ehre.

Die Mulchdecke macht's

Schon bald nach der Pflanzung wird Mulch als Bodendecke ausgebracht. Er erfüllt viele wichtige Funktionen:

- Unkraut fernhalten
- Austrocknung verhindern
- Bodenleben anregen
- Lufthaushalt verbessern
- Nährstoffe und Humus liefern
- Bodenerwärmung beschleunigen

In einer Pflanzung im Schatten wird man vorzugsweise zu Naturmaterialien greifen, die zugleich gute Humuslieferanten sind. Das Material sollte gut verrottet sein. Frisches Häckselmaterial beispielsweise benötigt für die Umsetzung Stickstoff. Frisch zwischen Stauden und Gehölzen verteilt, würde es den Pflanzen den Stickstoff entziehen. Daher sollte man gehäckseltes Mulchmaterial nie unverrottet verwenden.
Laub vermischt mit Komposterde ist ein hochwertiges Mulchmaterial. Mit einer Schaufel verteilt man den Mulch gleichmäßig und großzügig zwischen den Pflanzen und zieht mit einer schmalen Harke oder einer Hake die Oberfläche glatt. Die Mulchdecke sollte alle ein bis zwei Jahre erneuert werden, denn durch die Umsetzungsprozesse zersetzt sie sich und wird immer dünner.

Rindenmulch enthält im Vergleich zu **Rindenkompost** einen hohen Anteil an groben Fasern, die nur langsam verrotten.
Dekormulch besteht aus besonders schönen Rindenstücken und nur wenigen Feinstoffen. Er sollte für Wege verwendet werden, da er sehr robust und fest ist. Zugleich lassen sich so die gestalterischen Strukturen optisch dezent voneinander trennen.

Rindenmulch erleichtert die Pflege der Beete und schützt den Boden. Gleichzeitig sieht die Mulchdecke ordentlich aus.

Der Nährstoffbedarf einer Pflanzung

Ohne Nährstoffe geht nichts, schließlich brauchen die Pflanzen Kraft zum Wachsen, Blühen und Fruchten. Die Zwiebelblumen beispielsweise, die im Frühling blühen, sollten zur Blütezeit ausreichend Nährstoffe zur Verfügung haben. Schließlich müssen sie Samen ansetzen und zugleich die Blütenanlage für das nächste Jahr bilden. Weiterhin werden in der Zwiebel in Form von Stärke Vorräte eingelagert, die im nächsten Frühjahr das Wachstum ankurbeln. Bei den Stauden und Gehölzen müssen ausreichend Nährstoffe zum Austrieb im Frühling und zur Bildung von Triebe, Blättern und Blüten zur Verfügung stehen.

Düngerformen

- **Organische Dünger:** Bestehen aus zersetzten Tier- und Pflanzenteilen; Beispiele sind Algendünger, Trester, Brennnesseljauche und andere Pflanzenauszüge sowie Kompost. Die Bestandteile werden zunächst im Boden in eine pflanzenverfügbare Form umgewandelt. Daher ist die Wirkung langsam. Im Schatten

Roter Fingerhut zählt zu den Zweijahresblumen. Im ersten Jahr bildet sich eine Blattrosette, im zweiten treibt der Blütenstand. Schneidet man ihn nach der Blüte zurück, treibt in der folgenden Saison nochmals ein Blütenstiel.

hat dieser Dünger die größte Bedeutung.

- **Mineralische Dünger:** Durch Abbau oder chemische Herstellungsprozesse gewonnen; die Mineralien sind wasserlöslich und wirken daher schnell. Ideal als Startdünger im späten Frühjahr.
- **NPK-Dünger:** Mineralische Kombinationsprodukt der Hauptnährstoffe Stickstoff, Phosphor, Kalium. Die Verhältnisse sind auf die Bedürfnisse der Pflanzen abgestimmt. Blaukorn ist ein typischer NPK-Dünger.
- **Langzeitdünger:** Enthält sowohl schnell wirkende als auch langsam wirkende Nährstoffe. Ein Kunststoffmantel reguliert die Freisetzung in Abhängigkeit von der Bodentemperatur. Es handelt sich um ein hochwertiges, teures Produkt, das vor allem die Düngung im schattigen Topfgarten erleichtert.

Dünger-Nährstoffe

Hauptnährstoffe	Funktionen	Organische Dünger die sie enthalten
Stickstoff (N)	notwendig für das Blattwachstum	Hornmehl, Hornspäne, Gründünger
Phosphor (P)	beteiligt an der Blüten- und Fruchtbildung	Guano-Dünger, Taubenmist, Thomasmehl
Kalium (K)	beteiligt am Aufbau der Zelle, stärkt die Widerstandskraft	Holzasche

Bodenbearbeitung

Die Pflege des Bodens ist mindestens so wichtig wie die der Pflanzen. In einem lockeren, humusreichen Erdreich kann sich das Wurzelwerk, die Grundlage gesunden Wachstums, gut ausbreiten.

Bodenlockerung

Da im Schatten der Boden nur selten stark austrocknet und der hohe Humusanteil für einen lockeren Boden sorgt, entfällt diese Arbeit. Doch wenn man Dünger oder Komposterde einarbeitet, greift man automatisch zur Hacke. Dies ist kein Problem, allerdings sollte man bei flach wurzelnden Stauden und zwischen Bodendeckern auf dieses Gerät verzichten. Herbstanemonen *(Anemone)*, Astilben *(Astilbe)* und Haselwurz *(Asarum europaeum)* verzweigen sich flach in den ersten Zentimetern der Bodendecke. Hier würde man durch die Lockerung die jungen Triebe zerstören.

Im Herbst werden Staudenpflanzungen zurückgeschnitten. Man sollte aber warten, bis alle Schönheit vergangen ist und das schöne Bild nicht vorzeitig zerstören.

Humusieren

Unter diesem Begriff versteht man das Verteilen von Humus auf älteren Horsten von Stauden. Es soll verhindern, dass sich die Triebe und Wurzel nach oben schieben und flach auf der Erde liegen. So bekommen die Pflanzen unzureichend Nährstoffe und das gesunde Wachstum ist beeinträchtigt. Mit dem Humusieren ersetzt man das Aufnehmen und Teilen der Stauden oder kann es zumindest um ein paar Jahre hinauszögern. Das beste Material zum Humusieren ist reife Komposterde. Pflanzen, die im Herbst oder Frühling humusiert werden sollten:

- Herbstanemone *(Anemone-*Arten)
- Astilbe *(Astilbe-*Arten und -Sorten)
- Silberkerze *(Cimicifuga-*Arten und -Sorten)
- Purpurglöckchen *(Heuchera-*Hybriden)

Rückschnitt – Von Fall zu Fall

Bei der laufenden Pflege werden regelmäßig die welken Blütenstände entfernt, es sei denn, man möchte unbedingt erreichen, dass sich die Pflanzen vermehren oder der Fruchtschmuck hat einen hohen Zierwert. Dabei schneidet man die Blütenstiele möglichst so tief ab, dass die Schnittstelle vom Laub überdeckt wird.
Bei einigen Schattenstauden bietet sich nach der Blüte aber auch ein radikaler Rückschnitt an. Frauenmantel *(Alchemilla mollis)* und Rosa Storchschnabel *(Geranium endressii)* sehen nach einem frischen Austrieb wieder dekorativ aus. Einzelne Pflanzen können mit einer Heckenschere bodennah abgeschnitten werden. Anschließend ist es für das Wachstum förderlich, aber nicht zwingend notwendig, etwas Kompost um die Pflanzen zu verteilen. Hat man die Pflanzen als Beeteinfassung gepflanzt oder großflächig als Bodendecker verwendet, kann man auch zum Rasentrimmer greifen und das Schnittgut anschließend mit einem Laubrechen zusammenkehren.

Beschränken Sie das Humusieren nicht nur auf die genannten Stauden, sondern verwöhnen Sie auch Bodendecker im Herbst oder vor dem neuen Austrieb im Frühjahr mit einer Schicht feinkrümeliger Komposterde. Das gibt neue Kraft und regt das Bodenleben an.

Der Salomonssiegel schmückt mit seinen bogenförmigen Trieben malerisch die Treppe. Er entfaltet sich langsam und will keinesfalls gestört werden.

Bodendecker, die man mit dem Rasentrimmer zurückschneiden kann

- Mandelblättrige Wolfsmilch *(Euphorbia amygdaloides* var. *robbiae)*
- Rosa Storchschnabel *(Geranium endressii)*
- Johanniskraut *(Hypericum calycinum)*
- Traubenlilie *(Liriope muscari)*
- Großes Immergrün *(Vinca major)*
- Ysander *(Pachysandra terminalis)*

Im Herbst werden die Stauden zurückgeschnitten, wenn sie ihre Pracht verloren haben, also nach der Herbstfärbung. Sonst legen sich die nassen Blätter über die Pflanzenherzen und schaffen so ideale Überwinterungsplätze für Schnecken und fördern durch anhaltende Feuchtigkeit Fäulnis. Trockene Fruchtstände und Farnwedel beleben in den Winterwochen zwischen winter- und immergrünen Pflanzen. Erst im zeitigen Frühjahr vor dem Austrieb schneidet man auch diese Reste bis zum Boden ab, damit sich nun die neuen Triebe gut entfalten können.

Bei den zeitig blühenden Lenzrosen *(Helleborus*-Orientalis-Hybriden) entfernt man zur Blüte das alte Laub, damit die Schönheit der Blüten gut zur Geltung kommt. Bergenien *(Bergenia*-Hybriden) und Elfenblumen *(Epimedium)* putzt man zur Blüte heraus, indem man alte und unansehnliche Blätter zurückschneidet.

Gehölze werden gestutzt, wenn Triebe stören. Im Winter kann bei Bedarf ein Auslichtungsschnitt durchgeführt werden, damit es im Unterholz nicht zu dunkel wird. Ein Rhythmus von etwa zwei bis drei Jahren reicht in der Regel aus.

Stauden teilen

Im zeitigen Frühjahr kann man Horste von Stauden, die zu groß geworden sind, teilen. Meist zeigen die Pflanzen diesen Zeitpunkt von alleine an: Sie werden schwach und blühfaul. Mit dem Spaten nimmt man die gesamte Pflanze auf und teilt ein Stück ab. Bei kleineren Pflanzen kann man mit dem Messer arbeiten, bei stark verfilztem Ballen fällt diese Arbeit leichter, wenn man den Spaten verwendet. Der Teil, der wieder gepflanzt wird, sollte faustgroß sein und einige kräftige Triebspitzen aufweisen. Meist liegen diese am Rand. Den restlichen Horst teilen sich Freunde und Nachbarn gern, falls im eigenen Garten kein Platz mehr ist.

Schattenpflanzen, die nach zwei bis vier Jahren geteilt werden sollten:

- Waldaster *(Aster divaricatus)*
- Kissenprimeln *(Primula*-Elatior-Hybriden, *P. veris)*

Schattenpflanzen, die nach etwa sechs bis acht Jahren geteilt werden sollten:

- Eisenhut *(Aconitum*-Arten)
- Schneeglöckchen *(Galanthus nivalis)*
- Storchschnabel mit horstigem Wuchs *(Geranium* x *magnificum, G. phaeum)*

- Christrose (*Helleborus*-Arten)
- Hasenglöckchen (*Hyazinthoides non-scripta*)
- Trollblume (*Trollius*-Hybriden)

Keinesfalls gestört werden wollen:

- Alpenveilchen (*Cyclamen coum*)
- Tränendes Herz (*Dicentra spectabilis*)
- Schildblatt (*Darmera peltata*)
- Salomonssiegel (*Polygonatum*-Arten).

Ein gesunder Garten – ohne Pflanzenschutzmittel

Im Hausgarten, insbesondere im Ziergarten, sollte man auf Pflanzenschutzmittel möglichst verzichten. Der Grundstein für gesundes Wachstum fängt bei der Auswahl der passenden Pflanzen für einen bestimmten Standort an. Weiterhin liegt in der ausgewogenen Ernährung eine große Bedeutung, das heißt: Zu wenig Dünger schadet ebenso wie zuviel. Das Wachstum sollte nie zu dicht werden, sonst trocknen die Blättern nicht mehr ab, Pilzkrankheiten breiten sich aus und durch Reibung entstehen Wunden, die ideale Eintrittspforten für Schädlinge und Krankheitserreger darstellen. Außerdem sollte man auf große Artenvielfalt setzen. So wird der Schatten für die verschiedensten Lebewesen (Nützlinge) zu einem begehrten Lebensraum und es entsteht ein natürliches Beziehungsgeflecht, das die massenhafte Ausbreitung von Krankheitserregern verhindert.
Hat man ausreichende Kenntnisse über die einzelnen Pflanzenkrankheiten, kann man ihnen durch gezieltes Stärken erfolgreich begegnen. Außerdem ist es wichtig, dass kleinere Krankheitsherde und geringe Schädlingspopulationen vorhanden sind, damit sich auch Feinde und Abwehrmechanismen halten können.
Und wenn wirklich mal eine Pflanze kränkelt und abstirbt, sollte man sich daran erinnern, wie schwer es anfangs war, sich auf einige Pflanzen zu beschränken. Nun kann man die Chance nützen und die eine oder andere neue Staude oder Zwiebelblume ausprobieren.

Typische Probleme im Schatten

Da Schattenpflanzungen meist auf Artenvielfalt und natürlichen Vorbildern beruhen, sind nur wenige Krankheiten und Schädlinge wirklich als gravierend einzustufen. Diese werden im Folgenden im Hinblick auf die Schadbilder und die Bekämpfungsmöglichkeiten erläutert.

Schwarzflecken-Krankheit
Im Schatten sind *Helleborus*-Arten von dieser Krankheit betroffen, die auf einem Pilzbefall beruht. Vom Blattrand zur -mitte breiten sich braunschwarze Flecken aus. Bei starkem Befall sind auch die Stiele von Blättern und Blüten betroffen. Die Verbreitung der Sporen findet in den Sommermonaten statt. Da die Schädigung der Blätter die Pflanzen schwächt, sollte man die Ausbreitung frühzeitig eindämmen. Dies gelingt leicht, wenn man befallene Pflanzenteile abschneidet und mit dem Hausmüll entsorgt.
Besonders wichtig ist die Kontrolle auf Krankheitsherde im Frühjahr, bevor es zur Sporen-

Mischen Sie unter das Häckselmaterial immer den Rückschnitt von Küchensalbei. So verbreitet sich der für Schnecken unangenehme Duft mit dem Mulchmaterial. Zugleich wirken sich die ätherischen Öle positiv auf das Pflanzenwachstum aus.

Da sich im Schatten die Feuchtigkeit gut hält, fühlen sich Wegschnecken und verwandte Arten hier besonders wohl.

bildung kommt. Weiterhin sollte man den pH-Wert des Bodens prüfen und gegebenenfalls mit den Ansprüchen der Pflanze in Einklang bringen. Auch eine übermäßige Stickstoffdüngung fördert die Anfälligkeit der Pflanzen.

Schnecken

Junge Triebe scheinen zu den Lieblingsspeisen der Schnecken zu gehören. Ob Funkien *(Hosta)* oder Ligularien *(Ligularia)*, jeder von Schnecken geplagte Gärtner kennt mindestens ein Pflanze, die ihm die weichen, feuchten Tiere geraubt haben. Das Klagen hat seine berechtigten Gründe, doch leider hilft es nicht weiter. Den Schnecken muss man mit dem Verstand begegnen. Und im Schatten ist besondere Vorsicht geboten, da die Dunkelheit und die Feuchtigkeit den Schädlingen sehr zusagt.

Es gibt verschiedene Ansatzpunkte zur Bekämpfung:

- Man wählt keine gefährdeten Pflanzen aus, das heißt, man vermeidet Pflanzen mit einem zarten Austrieb, wie beispielsweise Herzblumen *(Dicentra)*. Bei den Funkien greift man auf wenig schneckenanfällige Arten zurück (siehe Seite 23), und bei den Ligularien *(Ligularia)* sollte vor allem die Sorte 'Desdemona' tabu sein. Sie scheint die Schnecken sogar anzulocken.
- Man bietet den Schnecken Plätze an, an denen sie optimale Lebensbedingungen finden, und sammelt die Tiere regelmäßig ab. In Hohlräumen unter nassen Holzplanken, unter feuchten Zitrusschalen und in feuchten Steinfugen finden Schnecken hervorragende Überwinterungs- und Eiablageplätze. Das Aufnehmen und Entfernen ist zwar nicht jedermanns Sache, aber man will die Tiere schließlich loswerden. Hierzu empfehlen sich Gummi- oder Arbeitshandschuhe. Man kann die gesammelten Schnecken im Wald aussetzen, wenn es einem widerstrebt, zu Methoden wie Überbrühen oder Salzen zu greifen.
- Der Austrieb im Frühjahr wird geschützt. Man macht es den Schnecken unbequem auf dem Weg zur Pflanze. Die weiche Haut reibt sich nicht gerne, also streut man scharfen Sand um die Pflanze, mulcht mit gehäckselten, scharfkantigen Gräsern (Schilf o. Ä.), holt stechende Nadelstreu aus dem Wald oder Sägemehl vom Schreiner und legt diese Materialen rund um die Pflanzen. Hierbei sollte man sorgfältig arbeiten, denn die Schnecken sind klein und gierig, also werden sie Lücken rasch aufspüren.

Dickmaulrüssler

Dickmaulrüssler schädigen in zweifacher Weise. Die ausgewachsenen Käfer fressen Rhododendron-Blätter an den Rändern an, wodurch das eben-

Die Larven des Dickmaulrüsslers fressen bevorzugt fleischige Wurzeln.

mäßige Bild geschädigt wird. Ungleich schwerer jedoch ist der von den Larven verursachte Schaden. Sie fressen Wurzeln von Stauden an und zum Teil vollständig ab, sodass die geschädigten Pflanzen welken und absterben.
Nur durch sorgfältige Hygiene beim Pflanzeneinkauf (siehe Seite 81) und Bodennützlinge kann man diesen Schädling bekämpfen. Die Nützlinge werden mit dem Gießwasser ausgebracht. Die Behandlung sollte von Mai bis September regelmäßig durchgeführt werden, wenn Schäden auftreten. Von den Rhododendren kann man die nachtaktiven Käfer abends abschütteln.

Rhododendron-Zikade
Wenn im Frühjahr die dicken Blütenknospen an den Triebspitzen braun werden und absterben, so liegt dies am Befall durch die Rhododendron-Zikade. Sie sticht in den Sommermonaten die Knospen an und legt ihre Eier im Innern ab. Zugleich überträgt sie Pilzsporen, die schließlich zum Absterben der Knospe führen. Bei einer starken Ausbreitung kann die Blüte im Frühjahr sehr schwach ausfallen. Die Zikaden sind auffällig grünrot gezeichnet. Man

Im Sommer kann man die rotgrüne Rhododendron-Zikade in den Morgenstunden an den Blättern entdecken.

findet sie in den frühen Morgenstunden an den Blättern.
Die befallenen Knospen sollten grundsätzlich entfernt werden. Mit Gelbtafeln, die im Frühsommer aufgehängt werden, kann man einige Zikaden fangen. Der Erfolg lässt aber zu wünschen übrig. Von großer Bedeutung ist, dass man die Sträucher stärkt und gut mit Nährstoffen versorgt, denn vielfach werden alte und schwache Exemplare von den Zikaden bevorzugt.

Vergrünen von bunten Blattfärbungen
Mitunter kann es sein, dass Pflanzen mit weiß-grün gefärbten (panaschierten) Blättern vergrünen. Handelt es sich um die ganze Pflanze, so muss man davon ausgehen, dass der gewählte Standort zu dunkel ist. Es bildet sich in den weißen Zonen des Laubes grüner Blattfarbstoff, um die Energiegewinnung und damit den Stoffwechsel anzukurbeln. Nur ein Standortwechsel schafft hier Abhilfe. Vor allem Funkien *(Hosta)* und Efeu *(Hedera)* zeigen dieses Vergrünen als Folge von Lichtmangel.

auf einen blick

- Grundlage für eine Bepflanzung ist die Auseinandersetzung mit den Gegebenheiten. Licht- und Bodensituation müssen genau bestimmt werden, damit man passende Pflanzen auswählen oder die Gegebenheiten vor der Pflanzung verbessern kann.
- Ein gut gelockerter, humusreicher Boden stellt ideale Startbedingungen für eine Neupflanzung dar.
- Ausreichend weite Pflanzabstände sind wichtig, damit sich die jungen Pflanzen gut ausbreiten können, ohne sich zu stören.
- Eine Mulchdecke sorgt für geringen Pflegeaufwand und führt dem Boden Humus und Nährstoffe zu.
- Nur wenige Krankheiten und Schädlinge bereiten im Schatten Probleme. Man kann sie mit biologischen und mechanischen Hilfsmitteln in den Griff bekommen.

Bezugsquellen und Adressen

Nachfolgend finden Sie zahlreiche Adressen von Fachbetrieben, insbesondere Staudengärtnereien, die ein breit gefächertes Angebot an Schattenpflanzen, zum Teil auch Spezialkulturen wie zum Beispiel Funkien, mit zahlreichen Arten und Sorten anbieten.
Die Liste erhebt jedoch keinen Anspruch auf Vollständigkeit.

Fachbetriebe für Stauden, Gräser, Farne und Gehölze

Staudenkulturen
Dr. Peter u. Sigurd Lux GbR
Breitscheidstraße 5
01237 Dresden
www.luxstauden.de

Staudengärtnerei Jürgen Peters
Auf dem Flidd 20
25436 Uetersen
www.staudenshop-peters.de

U. Wichmann Stauden
Wallweg 1, 26215 Wiefelstede
www.stauden-wichmann.de

Pöppel-Stauden
Hauptstraße 95, 28816 Stuhr
www.poeppel-stauden.de

Gärtnerei Schoebel
Hindenburgplatz 3
29468 Bergen/Dumme
www.gaertnerei-schoebel.de

Annemarie Eskuche
Staudenkulturen am Söhnholz
29664 Ostenholz
www.stauden-eskuche.de

Hagemann Staudenkulturen
Constantin Eckhardt u.
Hanno Dahmke GbR
Walsroder Straße 324
30855 Langenhagen
www.traumraeume.de

Baltin-Stauden
Mörserstraße
8442 Wolfsburg
www.baltin-stauden.de

Arends Maubach
Monschaustraße 76
42369 Wuppertal
www.arends-maubach.de

Helmut Stade
Beckenstrang 24
46325 Borken-Marbeck
www.stauden-stade.de

Huben Pflanzenhandel GmbH
Schriesheimer Fußweg 7
68526 Ladenburg

Michael Moll
Winterharte Gartenstauden
Leinfelder Straße 37
70771 Leinfelden-Echterdingen
www.moll-stauden.de

Staudengärtnerei
Gräfin von Zeppelin
79295 Sulzburg-Laufen
www.graefin-v-zeppelin.de

Staudengärtnerei Peine
An der B 471
82296 Schöngeising

Der Bamberger Staudengarten
Johann u. Edith Strobler
Gundelsheimer Straße 80
96052 Bamberg
www.bamberger-staudengarten.de

Zwiebelblumen

Albert Hoch
Postdamer Str. 40, 14163 Berlin

Rupert Schmid Gartencenter
Straubenmühle, 73460 Hüttlingen

Versandgärtnereien

Dehner Garten-Center GmbH
86640 Rain am Lech
www.dehner.de

Gärtner Pötschke, 41561 Kaars
www.gaertner-poetschke.de

Adressen

Allgemeine Informationen

Bund deutscher Staudengärtner (BdS)
Gießenerstr. 47, 35305 Grünberg
www.stauden.de

Bund deutscher Baumschulen (BdB)
Bismarckstr. 49, 25421 Pinneberg
www.bund-deutscher-baumschulen.de

Bodenuntersuchung

Adressen von Bodenuntersuchungsstellen erhalten Sie bei:
VDLUFA
Bismarckstr. 41a, 64293 Darmstadt
www.vdlufa.de

Liebhabervereine

Gesellschaft für Staudenfreunde e.V.
Meisenweg 1, 65795 Hattersheim

Deutsche Rhododendron-Gesellschaft
Julia Westhoff
Marcusallee 60, 28359 Bremen

Stichwortverzeichnis

Seitenzahlen mit * verweisen auf Abbildungen.

Accessoires 14
Aconitum 37
Actaea pachypoda 27
Adiantum pedatum 61
Ajuga reptans 38
Akelei 9*, 31
–, Gewöhnliche 39, 39*
Alchemilla mollis 19, 34
Alpenveilchen 65
–, Efeublättriges 27
–, Herbst- 73*
–, -Vorfrühlings- 65*
Alraunenwurzel, Falsche 19, 33*
Anemone hupehensis 38
A. nemorosa 38
A.-Japonica-Hybriden 38
Anemonen 17*
Aquilegia vulgaris 39
Aronstab 26*
–, Italienischer 27, 39
Arum italicum 27, 39
Aruncus dioicus 39
Asarum europaeum 19, 39
Astilbe 34, 40
Astilboides 20*
Astrantia major 40
Athyrium filix-femina 61
Athyrium niponicum 61
Auslichtungsschnitt 74, 88
Azalee 70

Bachlauf 33
Ballenware 83
Bärenfellgras 59
Bärlauch 10*
Beinwell 32*, 55, 55*
Bergenia-Hybriden 41
Bergenie 41
Blattfarbe 17
Blattschmuck 17
Blattschmuckpflanzen 19
Blaublattfunkie 48*
Blaustern, Sibirischer 67
Blausternchen 8*, 11*, 25*
Blechnum spicant 19, 61
Blütezeit 30
Boden 75
Bodenbearbeitung 86
Bodendecker pflanzen 81
Bodendecker 23, 32, 87
Bodenlockerung 86
Bodenvorbereitung 76
Brunnera macrophylla 41
Buchsbaum 22*, 29*
Buschwindröschen 36*, 38

Campanula latifolia 41
Cardaminae trifolia 34
Carex 58
Chiastophyllum oppositifolium 19
Chionodoxa luciliae 65
Christophskraut 27
Christrose 47, 76*
Cimicifuga 41
Clematis 42
C. x jouiniana 42*
Containerpflanzen 83
Convallaria majalis 43
Cornus canadensis 68
Corydalis 43
Corydyalis cheilanthifolia 19
Crocus tommasinianus 65
Cyclamen 65
C. hederifolium 27
Cyrtomium fortunei 61

Darmera pelltata 34
Dauerblüher 31
Deschampsia cespitosa 19, 59
Dicentra 43
Dickmaulrüssler 81, 90, 90*
Digitalis purpurea 44
Dreiblatt 67, 67*
Dreimasterblume 34, 56, 56*
Dryopteris 62
D. affinis 62
D. erythrosora 62
Dünger 85
–, mineralischer 86
–, organischer 85

Efeu 29, 68
Eibe 29*, 71
Eichenfarn 62
Eisenhut 37, 38*
Elfenblume 44, 44*
Elfenkrokus 65, 83*
Engelsüß 63
Epimedium 44
Erythronium 65
Etagenprimel 53*
Euphorbia amygdaloides var. *robbiae* 45
E. griffithii 45
E. robbiae 45

Farne 15*, 60
Felberich 51
Festuca gautieri 59
F. scoparia 59
Feuer-Geißblatt 69*
Feuer-Wolfsmilch 45*
Filipendula ulmaria 34
Fingerhut, Roter 44, 86*
Fingerprobe 75
Flammenblume 52*
Flammenblume, Louisiana- 25, 52
Forellenlilie 65
Formen 22
Frauenmantel 19, 31*, 34
Fritillaria meleagris 66
Fruchtschmuck 26
Frühling 15
Frühlings-Knotenblume 67
Frühlingswicke 15*
Fuchsia magellanica 24, 45
Fuchsie, Scharlach- 24*, 45
Funkie 12*, 17*, 20*, 23, 23*, 48*, 49*

Galanthus nivalis 66
Galium odoratum 45
Gartenjahr 30
Gebäudeschatten 74
Gedenkemein 52, 52*
Gehölze 68
–, flach wurzelnde 77
– pflanzen 83
Geißbart 39, 39*
Geißblatt 69
–, Feuer 69*
Gentiana asclepiadea 27
Geranium 46
Giersch 76, 77*
Glockenblume, Breitblättrige 41, 41*
Goldfelberich 31*, 51
Goldkolben 50
Goldnessel 49
Goldschuppenfarn 62
Goldtröpfchen 19
Gräser 58
Günsel 82*
–, Kriechender 38
Gymnocarpium dryopteris 62

Hainsimse 60
–, Schneeweiße 60*
Hakonechloa macra 59
Halbschatten 9
Hartriegel, Kanadischer 68, 68*
Haselwurz 19
–, Gewöhnliche 40
Hasenglöckchen, Atlantisches 66*, 67
–, Spanisches 66
Heckenkirsche 69
Hedera helix 68
Helleborus 46
H. argutifolius 19
Hepatica 47
Herbst 26
Herbstanemone 38, 38*
Herbstfärbung 26
Herbststeinbrech 27

Herbstzeitlose 27, 27*
Herzblume 43
Hesperis matronalis 19
Heuchera 47
Hirschzungenfarn 63, 63*
Hortensie 68
–, Samt- 69, 69*
Hosta 48
Humus 76, 77
Humusieren 87
Hundszahn 65, 65*
Hyacinthoides hispanica 66
Hydrangea 68
Hydrangea aspera ssp. *sargentiana* 69
Hypericum calycinum 69

Ilexfarn 61
Immergrün 28, 57
–, Kleines 57*
INKARHO® 84
Iris foetidissima 27

Jakobsleiter 52
Japansegge 58*
Japanwaldgras 59, 59*
Johanniskraut 69, 69*
Judas-Silberling 27

Kaukasus-Vergißmeinnicht 41, 41*
Kirengeshoma palmata 49
Kissenprimel 53*
Knotenblume, Frühlings- 67*
Königsfarn 20*, 34, 63, 63*
Konkurrenz 10
Kugelprimel 53*

Lamiastrum galeobdolon 49
Lamium galeobdolon 49
L. maculatum 50
Lampionblume 27
Langzeitdünger 86
Leberblümchen 47
Lenzrose 47, 47*
Lerchensporn 19, 43, 43*
–, Blauer 11*
Leucojum vernum 67
Lichtsituation 73
Ligularia 50
L. przewalskii 50*
Ligularie 50
Lilientraube 27
Liriope muscari 27
Lonicera 69
Lunaria annua 27
Lungenkraut 54
–, Spanisches 54*
Luzula 60
Lysimachia 51
L. nummularia 51
L. punctata 51
Lythrum virgatum 34

Maiglöckchen 10*, 43
Marbel 60
Matteuccia struthiopteris 62
Meconopsis 51
M. betonicifolia 19
M. cambrica 34
Mondsichelfarn 61, 61*
Moos 14
Mulch 85
Myosotis palustris 51

Nachtviole 19
Nährstoffbedarf 85
Nieswurz 17*, 46
–, Korsische 19
NPK-Dünger 86

Oktober-Silberkerze 42*
Omphalodes verna 52
Onoclea sensibilis 34, 63
Orchideenprimel 34
Osmunda regalis 34, 63

Pachysandra terminalis 70
Peltiphyllum peltatum 34
Perlfarn 34, 63
Pfauenradfarn 60*, 61
Pfennigkraut 51
Pfingstveilchen 57*
Pflanzdichte 78
Pflanzen, ornamentale 23
Pflanzeneinkauf 78
Pflanzenqualität 78
Pflanzenschutz 89
Pflanzung 80
Pflanzzeit 80
Phlox divaricata 52
ph-Wert 76
Phyllitis scolopendrium 63
Physalis alkekengi var. *franchetii* 27
Planung 13, 73
Polemonium caeruleum 52
Polygonatum-Hybride 52
Polypodium vulgare 63
Polystichum 64
P. falcatum var. *fortunei* 61
Porzellanblümchen 55*
Prachtspiere 12*, 34, 39, 40*
Primeln 53
Primula 53
P. vialii 34
Pulmonaria 54
Purpurglöckchen 47, 47*

Rasenschmiele 19, 59, 59*
Regenbogenfarn 61
Rhododendren 6*, 14*
Rhododendron 22*, 70, 70*, 71*, 74*, 84, 84*
Rhododendron-Zikade 90, 91*
Rippenfarn 19, 61
Rodgersia 54
Rotschleierfarn 62
Rückschnitt 21, 32, 87
–, radikaler 74, 87

Salomonssiegel 52, 88*
Samt-Hortensie 69*
Sand 75
Saxifraga 55
S. cortusifolia var. *fortunei* 27
Schachbrettblume 66, 66*
Schatten, feuchter 10, 34
–, leichter 8
–, nasser 10
–, tiefer 9
–, trockener 9
Schattensteinbrech 55
Schaublatt 13*, 54, 54*
Schaumblatt, Klee- 34
Schaumblüte 56, 56*, 84*
Scheinmohn 51
–, Gelber 34, 51*
–, Tibet 19
Schildblatt 34, 35*
Schildfarn 64
–, Borstiger 64*
Schnecken 33, 90
schneckenunempfindliche Pflanzen 23
Schneeglöckchen 66, 83*
Schneestolz 64*, 65
Schneiden von Gehölzen 74
Schwalbenwurz-Enzian 27
Schwarzflecken-Krankheit 89
Schwertlilie, Stinkende 27
Scilla siberica 67
Segge 58
Selbstaussaat 25
Silberkerze 41
Silberling, Judas- 27
Sommer 24
Spierstaude 34
Stauden für schattige Plätze 37
Stauden pflanzen 81
Stauden teilen 88
Sterndolde, Große 40, 40*
Storchschnabel 15*, 46
–, Balkan- 46*
–, Wald- 46*
Straußfarn 62
Streuschatten 9

Sumpf-Vergissmeinnicht 51
Symphytum 55

Taubnessel, Gefleckte 50, 50*
Taxus baccata 71
Teichrand 33
Tellima grandiflora 19
Teppichglockenblume 30*
Textur 20
Thalictrum 56
Tiarella 56
Ton 75
Tradescantia-Hybriden 34
T.-Andersoniana-Hybriden 56
Tränendes Herz 43*, 44
Trichterfarn 16, 32*, 62, 62*
Trillium 67
T. erectum 67*
Trittsteine 78
Trollblume 34*
–, Europäische 57
Trollius europaeus 57
Tüpfelfarn, Gewöhnlicher 63

Ufer, feuchtes 34
Unkraut 76

Veilchen 57
Verbesserung der Bodensituation 75
Verbesserung der Lichtsituation 73
Verdichtungen 77
Vergrünen von Blattfärbungen 91
Vinca 57
Viola 57
Vorfrühlingsblüher 15

Wachsglocke 49, 49*
Waldfrauenfarn 61, 61*
Waldlilie 67
Waldmeister 10*, 45, 45*
Waldrebe 42
Waldschmiele 59
Waldsteinia 58
Waldsteinie 58, 58*
Wegschnecken 90*
Weiderich 34
Wiesenraute 56
Winter 28
Wolfsmilch, Mandelblättrige 28, 45
–, Feuer- 45*
Wühlmäuse 82
Wurmfarn 62, 62*
Wurzelunkraut 76

Ysander 28*, 70, 70*

Zwiebelblumen 64
– pflanzen 82
– verwildern 82

Bildnachweis:

Adams: 28, 33, 39u, 46u, 52u, 57u, 63u, 64o, 69u
Baumjohann: 91
Borstell: 2/3, 4o, 4u, 5, 9, 12, 13, 14, 15u, 17, 20, 22, 26, 27, 29, 31, 30, 32, 35, 34, 36, 41, 44, 44u, 45u, 47u, 47o, 49o, 53ul, 53ur, 55u, 57c, 58o, 58u, 62o, 66u, 69o, 69u, 70u, 71, 73, 82, 84u, 86, 87, 88
Brand: 1, 8, 11, 40o, 42u, 43u, 53o, 56o, 67u, 76, 83
Bühl: 90u
Fischer E.: 6, 23, 74
Fischer G.: 85
Hagen: 61o, 62u
Redeleit: 84o
Reinhard: 7, 10, 15o, 24, 38u, 39o, 40u, 45o, 50o, 54u, 56u, 59o, 60u, 66o, 67o, 72, 75, 78u, 78o, 80, 90o
Romeis: 25, 48, 65o
Ruckszio: 42o, 51, 55o, 70o, 77
Seidl: 38o, 41u, 43o, 46o, 49u, 50u, 52o, 54o, 59u, 60o, 61u, 63o, 64u, 65u, 68

Grafiken: Heidi Janiček

Bibiliografische Information
Der Deutschen Bibliothek
Die Deutsche Bibliothek verzeichnet diese Publikation in der Deutschen Nationalbibliografie; detallierte bi-bliografische Daten sind im Internetüber http://dnb.ddb.de abrufbar

2., überarbeitete Auflage, Neuausgabe

BLV Buchverlag GmbH & Co.KG
80797 München

Umschlaggestaltung:
fuchs-design, Riemerling

Umschlagfotos:
Borstell (Vorderseite)
Brand (Rückseite links)
Borstell (Rückseite rechts)

Layoutkonzept Innenteil:
Studio Schübel, München

Lektorat: Dr. Thomas Hagen
Herstellung: Hannelore Diehl

Layout und DTP: Anton Walter und DTP-Design Walter, Gundelfingen

Gedruckt auf chlorfrei gebleichtem Papier

Printed in Germany ·
ISBN 3-405-16887-2